Kompakt Grammatik Schwedisch

Von Maria Bonner

Ernst Klett Verlag
Stuttgart · Düsseldorf · Leipzig

Die Deutsche Bibliothek – CIP-Einheitsaufnahme
Ein Titeldatensatz für diese Publikation
ist bei der Deutschen Bibliothek erhältlich.

Gedruckt auf Papier, welches aus Altpapier hergestellt wurde.

1. Auflage 1 7 6 5 4 | 2004 03 02 01 2000

Alle Drucke dieser Auflage können im Unterricht nebeneinander benutzt werden, sie sind untereinander unverändert. Die letzte Zahl bezeichnet das Jahr dieses Druckes.

Satz: Lihs, Satz und Repro, Ludwigsburg.
Druck: Gutmann + Co. GmbH, 74388 Talheim. Printed in Germany.
ISBN 3-12-527940-2

Inhaltsverzeichnis

Einleitung

Schwedisch ist die offizielle Sprache Schwedens. Aber auch außerhalb der schwedischen Landesgrenzen wird Schwedisch gesprochen. Zirka 300000 Menschen in Finnland haben Schwedisch als Muttersprache; Schwedisch ist offizielle Sprache in Finnland neben Finnisch. Außerdem leben auch in den Vereinigten Staaten und in Kanada Menschen, die noch Schwedisch sprechen. Insgesamt sprechen etwa 8 Millionen Menschen Schwedisch als Muttersprache.
Wie die übrigen skandinavischen Sprachen (Dänisch, Färöisch, Isländisch, Norwegisch) ist Schwedisch eine germanische Sprache und als solche mit dem Deutschen und dem Englischen verwandt. Das läßt sich leicht an einigen Beispielen sehen, auch wenn die Wörter verschieden geschrieben und ausgesprochen werden.

deutsch	englisch	schwedisch
Haus	house	hus
Schwester	sister	syster
leben	live	leva
sauer	sour	sur

Die skandinavischen Sprachen sind untereinander eng verwandt. Wenn man Dänisch, Norwegisch oder Schwedisch gelernt hat, so kann man die jeweils anderen Sprachen (vom Färöischen und Isländischen abgesehen) zum Teil gut lesen und verstehen. Natürlich erfordert das Übung.
Wenn hier von Schwedisch die Rede ist, so ist damit die geschriebene Sprache gemeint oder die gesprochene Hochsprache *(rikssspråket)*, die im wesentlichen große Übereinstimmung mit der geschriebenen Sprache zeigt. Sie basiert auf den Dialekten in Mittelschweden, also den Gebieten nördlich, westlich und südlich des Mälaren, des Seengebiets um Stockholm.
Von den schwedischen Dialekten sollen hier zwei Varianten besonders erwähnt werden, die relativ viele Menschen sprechen, nämlich das Südschwedische mit gewissen dänischen Einflüssen und das Finnlandschwedische. Ihre auffallendsten Abweichungen seien hier kurz genannt. In den Abschnitten über Aussprache und Schrift wird noch auf Einzelheiten hingewiesen.
Das Südschwedische mit seinem Zentrum in der Landschaft Skåne (Schonen) kennt kein Zungenspitzen-*r*, sondern nur ein hinteres, ein Zäpfchen-*r*, wie es auch von vielen Deutschen gesprochen wird. Auch wenn Südschweden die Hochsprache sprechen, verwenden sie meist ihr hinteres *r*. Das Südschwedische hat außerdem häufig Diphthonge, wo

das Schwedische einfache Vokale hat. Der Tonfall im Südschwedischen unterscheidet sich ebenfalls, die Melodiebewegungen in der Sprache sind geringer, die Südschweden „singen“ weniger als Sprecher der Hochsprache.
Das Finnlandschwedische (an der Süd- und Westküste Finnlands und auf den Ålandinseln) kennt den Unterschied zwischen Akzent 1 und Akzent 2 nicht (vgl. Seite 15 ff.). Wörter wie *tanken* [ˇtaŋkən] (der Gedanke) und [ˈtaŋkən] (der Tank) werden gleich ausgesprochen. Die Melodiebewegungen sind geringer, für uns klingt es „gleichförmiger“ als die schwedische Hochsprache. Auch im gepflegten Finnlandschwedisch wird das *t* des bestimmten Artikels und des Partizips der Vergangenheit weggelassen.

	schwedisch	finnlandschwedisch	
språket kommit	[ˈspro:kət] [ˇkɔmit]	[ˈspro:kə] [ˈkɔmi]	die Sprache gekommen

Darüber hinaus bedeuten manche Wörter im Finnlandschwedischen etwas anderes als im (Schweden-)Schwedischen, z. B. *batteri* (schw. „Batterie“, finnl.-schw. „Heizelement“); und für vieles gibt es auch speziell finnlandschwedische Wörter, die häufig aus dem Finnischen entlehnt sind, z. B. *kiva* für „gut“ (schw. *bra*).

Schrift und Aussprache

Die Vokale

Vokale (Selbstlaute) sind Laute, bei deren Bildung die Luft ungehindert ausströmen kann. Man unterscheidet Vokale nach der Lage des höchsten Punktes des Zungenrückens im Mund und der Stellung der Lippen. Der Zungenrücken kann mehr oder weniger gehoben sein, danach teilt man Vokale in verschiedene Öffnungsgrade ein. [i:] wie in dt. *Miete* oder schw. *polis* (Polizei) ist ein geschlossener Laut, [a] wie in dt. *hat* oder schw. *katt* (Katze) ist ein offener Laut. Der höchste Punkt des Zungenrückens kann vorne im Mund sein oder hinten. Je nachdem spricht man von vorderen oder hinteren Vokalen. [i:] ist ein vorderer Vokal, [u:] wie in dt. *Hut* oder schw. *mode* (Mode) ist ein hinterer Vokal. Die Lippen können bei der Aussprache von Vokalen ungerundet oder gerundet sein. [i:] ist ein ungerundeter Vokal, [y:] wie in dt. *müde* oder schw. *hyra* (mieten) ist ein gerundeter Vokal. [ʉ:] in schw. *gud* (Gott) ist ebenfalls ein gerundeter Vokal. Die Lippen sind gerundet wie bei [y:], zusätzlich werden sie aber noch ein wenig nach innen gezogen, etwa so, als wolle man einen Bleistift zwischen den Lippen festhalten. Im Schwedischen heißt das *inrundat* (eingerundet), im Deutschen gibt es nichts Vergleichbares.
Die Lage der Vokale im Mund läßt sich in einem Viereck darstellen. Dieses Viereck zeigt den höchsten Punkt des Zungenrückens im Mund bei der Aussprache des jeweiligen Vokals. Je geschlossener die Vokale sind, um so weiter oben stehen sie im Vokalviereck, je offener sie sind, um so weiter unten stehen sie. Vordere Vokale stehen links, hintere Vokale stehen rechts.

Das Vokalviereck

ungerundet
[i e ɛ æ a ə]

gerundet
[y ø œ ʉ ɵ u o ɔ ɑ]

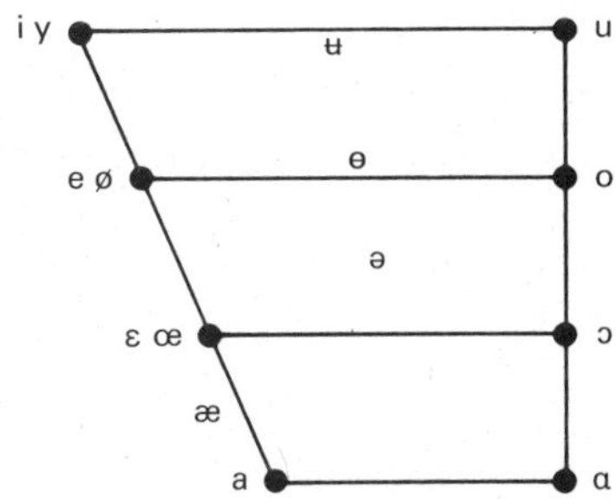

Die Vokale im einzelnen

'	vor einer Silbe bedeutet, daß die nachfolgende Silbe den Druckakzent oder den zweiten Teil des musikalischen Akzents erhält (vgl. Seite 15ff.)		
ˇ	vor einer Silbe bedeutet, daß die nachfolgende Silbe den musikalischen Akzent erhält (vgl. Seite 15ff.)		
:	bedeutet, daß der vorausgehende Laut lang zu sprechen ist		
[i:]	ist ein langes sehr geschlossenes i, etwas geschlossener als in dt. **Mie**te	polis	[po'li:s]
[i]	ist ein kurzes geschlossenes i, etwas geschlossener als in dt. M**i**tte	inte	[ˇintə]
[e:]	ist ein langes geschlossenes e, wie in dt. B**ee**t	ensam	[ˇe:nsam]
[e]	ist ein kurzes geschlossenes e, etwa wie in engl. b**e**d. (Dieser Laut wird von vielen heute durch [ɛ] ersetzt.)	enda	[ˇenda]
[ɛ:]	ist ein langes offenes e, wie in dt. R**ä**te	läder	['lɛ:dər]
[ɛ]	ist ein kurzes offenes e, wie in dt. r**e**tte	hellre	['hɛlrə]
[æ:]	ist ein langes sehr offenes e, kommt nur vor r und selten vor j vor	här	[hæ:r]
[æ]	ist ein kurzes, sehr offenes e, kommt nur vor r und selten vor j vor	herre	[ˇhærə]
[ɑ:]	ist ein langes hinteres gerundetes a, ähnlich wie in engl. f**a**ther	mat	[mɑ:t]
[a]	ist ein kurzes vorderes a, etwa wie in dt. h**a**t	katt	[kat]
[y:]	ist ein langes geschlossenes ü, etwa wie in dt. H**ü**te	hyra	[ˇhy:ra]
[y]	ist ein kurzes ü, etwa wie in dt. H**ü**tte	hydda	[ˇhyda]
[ø:]	ist ein langes geschlossenes ö, etwa wie in dt. b**ö**se	hövlig	[ˇhø:vli]
[ø]	ist ein kurzes geschlossenes ö	mjölk	[mjølk]
[œ:]	ist ein langes offenes ö, wie in frz. s**œu**r, kommt nur vor r vor	göra	[ˇjœ:ra]
[œ]	ist ein kurzes offenes ö, wie in dt. R**ö**cke, kommt nur vor r vor	mörk	[mœrk]

[ʉ:]	ähnlich wie in dt. ü, jedoch mit leicht nach innen gezogenen Lippen	gud	[gʉ:d]
[ɵ]	ist der vorhergehende Laut kurz, ähnlich frz. l**e**	guld	[gɵld]
[ə]	ist der „Murmelvokal“ wie in bitt**e**, nie betont	kaffe	[ˇkafə]
[u:]	ist ein langes geschlossenes u, etwa wie in dt. M**u**t	mode	[ˇmu:də]
[u]	ist ein kurzes geschlossenes u, etwas geschlossener als in dt. M**u**tter	kort	[kuʈ]
[o:]	ist ein langes geschlossenes o, wie in dt. **O**fen	gård	[go:ɖ]
[ɔ]	ist ein kurzes offenes o, etwa geschlossener als in dt. **o**ffen	gång	[gɔŋ]

Die Konsonanten

Konsonanten (Mitlaute) heißen solche Laute, bei deren Bildung die ausströmende Luft eingeengt oder gestoppt wird. Man unterscheidet die Konsonanten nach der Art, wie sie gebildet werden.
Verschlußlaute sind solche Laute, bei denen das Ausströmen der Luft unterbrochen wird. Im Schwedischen gibt es folgende Verschlußlaute:

stimmlos: [p t ʈ k]
stimmhaft: [b d ɖ g]

Nasenlaute sind solche Laute, bei denen die Luft durch die Nase entweicht. Im Schwedischen gibt es folgende Nasenlaute:

[m n ɳ ŋ]

Seitenlaute sind solche Laute, bei denen die Luft auf einer Seite oder auf beiden Seiten der Zunge entweicht. Im Schwedischen gibt es folgende Seitenlaute:

[l ɭ]

Schwinglaute sind solche Laute, bei denen das Zäpfchen oder die Zungenspitze hin- und herschwingt. Im Schwedischen gibt es folgende Schwinglaute:

[r]

Reibelaute sind solche Laute, bei denen die ausströmende Luft eingeengt wird. Im Schwedischen gibt es folgende Reibelaute:

stimmlos:	[f s ʃ ʂ ç h]
stimmhaft:	[v j]

Die Konsonanten im einzelnen

[p]	stimmloses p wie in dt. **P**ol	pengar	[ˇpɛŋar]
[b]	stimmhaftes b (auch am Wortende!) wie in dt. **B**ohne	backe	[ˇbakə]
[t]	stimmloses t wie in dt. **T**eller	tid	[ti:d]
[d]	stimmhaftes d (auch am Wortende!) wie in dt. **D**elle	dam	[dɑ:m]
[ʈ]	stimmloses t mit zurückgebogener Zungenspitze, in Südschweden statt dessen Zäpfchen-r + [t], in Finnland Zungenspitzen-r + [t]	ort	[uʈ]
[ɖ]	stimmhaftes d mit zurückgebogener Zungenspitze, in Südschweden statt dessen Zäpfchen-r + [d], in Finnland Zungenspitzen-r + [d]	gård	[go:ɖ]
[k]	stimmloses k wie in dt. **K**ahn	kaffe	[ˇkafə]
[g]	stimmhaftes g (auch am Wortende!) wie in dt. **G**ans	gata	[ˇgɑ:ta]
[m]	wie in dt. M**u**t	mat	[mɑ:t]
[n]	wie in dt. **N**ase	nagel	[ˈnɑ:gəl]
[ɳ]	n-Laut mit zurückgebogener Zungenspitze, in Südschweden statt dessen Zäpfchen-r + [n], in Finnland Zungenspitzen-r + [n]	gärna	[ˇjæ:ɳa]
[ŋ]	ng-Laut wie in dt. la**ng**	hunger	[ˈhəŋər]
[l]	l-Laut wie in dt. **L**uft	lampa	[ˇlampa]
[ɭ]	l-Laut mit zurückgebogener Zungenspitze, in Südschweden statt dessen Zäpfchen-r + [l], in Finnland Zungenspitzen-r + [l]	förlåt	[fœˈɭo:t]

[r]	gerolltes Zungenspitzen-r, in Südschweden statt dessen Zäpfchen-r (r + t, d, n, l, s; vgl. Seite 28)	rock	[rɔk]
[f]	stimmloses f wie in dt. **f**allen	far	[fɑ:r]
[v]	stimmhaftes v (auch am Wortende!) wie in dt. **W**asser, **V**ioline	vecka	[ˇveka]
[s]	stimmloses ß wie in dt. rei**ß**en, la**ss**en	sak	[sɑ:k]
[ʂ]	s-Laut mit zurückgebogener Zungenspitze, in Südschweden statt dessen Zäpfchen-r + [s], in Finnland Zungenspitzen-r + [ʃ]	person	[pæ'ʂu:n]
[ʃ]	sch-Laut wie in dt. Ti**sch**, die Lippen jedoch nicht gerundet; in einem großen Teil Schwedens statt dessen ein [ɧ] (gleichzeitiger sch-Laut und ach-Laut)	nation	[na'ʃu:n]
[ç]	ich-Laut wie in dt. Li**ch**t, in manchen Teilen Schwedens als [tç] gesprochen, im Finnlandschwedischen immer so	kedja	[ˇçe:dja]
[j]	j-Laut wie in dt. **j**ede	gärna	[ˇjæ:ɳa]
[h]	h-Laut wie in dt. **H**alle	hals	[hals]

Silbenstruktur

Die schwedische Silbenstruktur unterscheidet sich in einem Punkt wesentlich von der deutschen. Im Schwedischen kann nach einem betonten kurzen Vokal nie ein kurzer Konsonant folgen, wie es im Deutschen möglich ist, sondern immer nur ein langer Konsonant oder mehrere Konsonanten. Lange Konsonanten gibt es im Deutschen nicht.
Die folgende Übersicht zeigt, welche Typen von Silben im Deutschen und Schwedischen vorkommen. Dabei bedeutet:

V	kurzer betonter Vokal
V:	langer betonter Vokal
K	kurzer Konsonant
K:	langer Konsonant
KK	zwei (und mehrere) verschiedene Konsonanten
...	an dieser Stelle kann etwas vorausgehen oder folgen

Übersicht über mögliche Silbentypen im Deutschen und Schwedischen

Silbentyp	schwedisch	deutsch	Kommentar
…VK…	nicht möglich	[hat] hat	Um einen deutschen Akzent zu vermeiden, muß man bei Wörtern mit kurzem Vokal im Schwedischen besonders darauf achten, einen deutlich langen Konsonanten danach auszusprechen. Da ein Konsonant nach kurzem Vokal **immer** lang sein muß, wird die Länge von Konsonanten in den meisten Umschriften nicht bezeichnet. Auch hier wird sie nur in diesem Abschnitt und im Abschnitt über Schrift und Aussprache der Deutlichkeit halber bezeichnet. Im weiteren wird sie nicht mehr eigens angegeben.
…VK:…	[hat:] hatt (Hut)	In einfachen Wörtern nicht möglich, kann bei Zusammensetzungen entstehen, z. B. ['ap:ɛlən] abpellen	
…VKK…	[hast] hast (Hast)	[hast] Hast	entspricht sich in beiden Sprachen
…V:K…	[bi:t] bit (Bissen)	[gə'bi:t] Gebiet	entspricht sich in beiden Sprachen
…V:K:…	[˘mu:t:ɑ:] motta(ga) (entgegennehmen, zusammengesetzt aus mot und taga)	['blu:t:a:t] Bluttat	in beiden Sprachen nur in zusammengesetzten Wörtern
…V:KK…	[fi:nt] fint (fein, zusammengesetzt aus fin und -t als Neutrumendung)	[vy:st] wüst [vo:nt] wohnt	im Schwedischen nur möglich, wenn an ein Wort mit der Struktur … V:K Endungen angehängt werden, im Deutschen auch in einfachen Wörtern

Betonung

Das Schwedische unterscheidet zwischen dem Druckakzent (auch Akzent 1 genannt) und dem musikalischen Akzent (auch Akzent 2 genannt). Der Druckakzent entspricht der Betonung im Deutschen, den musikalischen Akzent gibt es im Deutschen nicht.
Der Druckakzent wird in der Transkription durch ein ' vor der zu betonenden Silbe wiedergegeben:

vatten	['vatən]	Wasser
potatis	[pu'tɑ:tis]	Kartoffel

Der musikalische Akzent ist ein zusammengesetzter Akzent mit fallendem Ton auf der Silbe mit Hauptbetonung und höher fallendem Ton auf der folgenden oder einer späteren Silbe. Zusammengesetzte Wörter haben einen dem musikalischen Akzent vergleichbaren Akzent. Dort liegt der erste Teil des musikalischen Akzents, die Hauptbetonung, auf der Silbe im ersten Teil der Zusammensetzung, die auch die Hauptbetonung im nicht zusammengesetzten Wort trüge. Der zweite Teil des Akzents liegt im zweiten Teil der Zusammensetzung auf der Silbe, die die Betonung trüge, wenn dieser Teil des Wortes allein stünde.
Einsilbige Wörter können keinen musikalischen Akzent erhalten.
Der musikalische Akzent wird in der Transkription mit ˇ vor der hauptbetonten Silbe wiedergegeben. Fällt, besonders in zusammengesetzten Wörtern, die Nebenbetonung nicht auf die unmittelbar folgende Silbe, so wird die nebenbetonte Silbe durch ' gekennzeichnet:

öre	[ˇœ:rə]	Öre
vykort	[ˇvy:kuṭ]	Ansichtskarte
uppehåll	[ˇɵpə'hɔl]	Aufenthalt

Schematische Darstellung des Tonhöhenverlaufs

Akzent 1	
Akzent 2	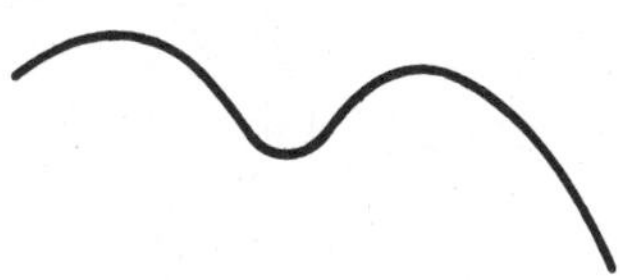

Die Betonung der Wörter „blutarm“ ['blu:t'arm] in der Bedeutung „ganz arm“ und „steinreich“ ['ʃtain'raiç] in der Bedeutung „sehr reich“ ähnelt dem musikalischen Akzent. Dagegen entspricht ihre Betonung in der Bedeutung „arm an Blut“ ['blu:tarm] und „mit vielen Steinen“ ['ʃtainraiç] dem Druckakzent.

Beispiele für Wortpaare, die sich nur durch den verschiedenen Akzent unterscheiden:

anden	['andən]	best. Sg. von and	Ente
	[ˇandən]	best. Sg. von ande	Geist
buren	['bʉ:rən]	best. Sg. von bur	Käfig
	[ˇbʉ:rən]	Ptz. Perf. von bära	tragen
stegen	['ste:gən]	best. Pl. von steg	Schritt
	[ˇste:gən]	best. Sg. von stege	Leiter
tanken	['taŋkən]	best. Sg. von tank	Tank
	[ˇtaŋkən]	best. Sg. von tanke	Gedanke
tomten	['tɔmtən]	best. Sg. von tomt	Grundstück
	[ˇtɔmtən]	best. Sg. von tomte	Wichtelmännchen

Im Satzzusammenhang ordnet sich die Wortbetonung der Satzbetonung unter. Die schwedische Satzbetonung ist der deutschen ziemlich ähnlich. Nur die im Satz betonten Wörter behalten ihre volle Wortbetonung, die übrigen sind weniger betont oder unbetont. Wörter mit Akzent 2 können Akzent 1 erhalten, z. B.:

gammal	[ˇgamal]	alt
för gammal	[fœ:r 'gamal]	zu alt

Bis zu einem gewissen Grad ist vorhersagbar, welche Wörter Akzent 1 und welche Wörter Akzent 2 haben. Die folgenden Regeln sollen helfen, grobe Fehler zu vermeiden. Die Betonung muß bei jedem Wort mitgelernt werden.

- Akzent 1 haben
  1. viele zweisilbige Wörter auf *-el, -en, -er:*
     - Singularformen von Substantiven, z. B.

fågel	['fo:gəl]	Vogel
vatten	['vatən]	Wasser
vinter	['vintər]	Winter

     - einige Pluralformen, z. B.

böcker	['bøkər]	Bücher
händer	['hɛndər]	Hände

     - Verben mit der Präsensendung *-er,* z. B.

kommer	['kɔmər]	kommt
sover	['so:vər]	schläft
vinner	['vinər]	gewinnt

2. die bestimmten Formen einsilbiger Substantive und mehrsilbiger, oft endbetonter Substantive mit Akzent 1, z. B.

posten	['pɔstən]	die Post
böckerna	['bøkəɳa]	die Bücher
huset	['hʉ:sət]	das Haus
universitetet	[ənivæʂi'te:tət]	die Universität

3. Komparative auf *-re,* z. B.

större	['stœrə]	größer
mindre	['mindrə]	kleiner

4. Wörter mit unbetonten Vorsilben (auch wenn das Wort ohne Vorsilbe Akzent 2 hat) und Fremdwörter auf *-era* [...'e:ra] (entspricht dt. *-ieren*), z. B.

förlora	[fœ'ɭu:ra]	verlieren
behålla	[bə'hɔla]	behalten
passera	[pa'se:ra]	passieren, überschreiten

5. viele Fremdwörter, z. B.

taxi	['taksi]	Taxi

und die Adjektive auf *-isk,* z. B.

komisk	['ko:misk]	komisch
praktisk	['praktisk]	praktisch
alfabetisk	[alfa'be:tisk]	alphabetisch

- Akzent 2 haben

1. Infinitive (soweit sie nicht Akzent 1 nach Regel 4 haben), z. B.

komma	[ˇkɔma]	kommen
sova	[ˇso:va]	schlafen
vinna	[ˇvina]	gewinnen

2. viele Plurale auf *-or* und *-ar,* z. B.

systrar	[ˇsystrar]	Schwestern
flickor	[ˇflikur]	Mädchen *pl*

3. Komparative auf *-are* und Superlative auf *-ast,* z. B.

starkare	[ˇstarkarə]	stärker
starkast	[ˇstarkast]	am stärksten

4. die meisten zusammengesetzten Wörter, z. B.

invånare	[ˇinvo:narə]	Einwohner
matsedel	[ˇmɑ:tse:dəl]	Speisekarte
frihet	[ˇfri:he:t]	Freiheit

Buchstaben und Laute

Das schwedische Alphabet

A	a	[ɑ:]	K	k	[ko:]	U	u	[ʉ:]
B	b	[be:]	L	l	[ɛl]	V	v	[ve:]
C	c	[se:]	M	m	[ɛm]	W	w	[ˇdəbəl ve:]
D	d	[de:]	N	n	[ɛn]	X	x	[ɛks]
E	e	[e:]	O	o	[u:]	Y	y	[y:]
F	f	[ɛf]	P	p	[pe:]	Z	z	[ˇsɛ:ta]
G	g	[ge:]	Q	q	[kʉ:]	Å	å	[o:]
H	h	[ho:]	R	r	[ær]	Ä	ä	[æ:]
I	i	[i:]	S	s	[ɛs]	Ö	ö	[ø:]
J	j	[ji:]	T	t	[te:]			

In der folgenden Zusammenstellung finden sich nur die wichtigsten Entsprechungen zwischen Buchstaben und Lauten in betonter Silbe. Auf einige Besonderheiten in unbetonten Silben wird jedoch hingewiesen. Vorauszuschicken ist, daß unbetonte Vokale immer kürzer sind als betonte. Für die Konsonanten spielt die Betonung eine geringere Rolle. Für zusammengesetzte Wörter und Wörter mit Vorsilben oder Endungen gelten die Regeln so, als seien die Wörter in ihre Teile zerlegt, also *matsedel* in *mat-sedel, behålla* in *be-hålla, farlig* in *far-lig, fint* in *fin-t.* Das ist besonders zu beachten, wenn man die Konsonanten zählt, die einem Vokal folgen. Es werden jeweils nur die Konsonanten bis zu der Stelle gezählt, an der die Endung beginnt oder bei Zusammensetzungen das Grundwort, also auf *a* in *matsedel* folgt 1 (!) Konsonant usw. Ausnahmen werden bei den entsprechenden Konsonantengruppen eigens vermerkt.

Vokalbuchstaben sind:	a, e, i, o, u, y, å, ä, ö.
Konsonantenbuchstaben sind:	b, c, d, f, g, h, j, k, l, m, n, p, q, r, s, t, v, w, x, z.

Buchstabe(n)	Aussprache	Bedingung		
a	1. [ɑ:]	vor einem Konsonantenbuchstaben, am Wortende, vor rd, rl, rn		
		mat	[mɑ:t]	Essen
		ja	[jɑ:]	ja
		barn	[bɑ:ɳ]	Kind
	2. [a]	vor mehreren Konsonantenbuchstaben oder vor x		
		alla	[ˇal:a]	alle
		hand	[hand]	Hand
		mars	[maʂ]	März
		vax	[vaks]	Wachs
	3. [a]	unbetont auch vor einem Konsonanten		
		kamel	[ka'me:l]	Kamel
b	[b]	immer		
		barn	[bɑ:ɳ]	Kind
		bra	[brɑ:]	gut
		tub	[tʉ:b]	Tube
bb	[b:]	vor Vokal und am Wortende, sonst [b]		
		ebb	[ɛb:]	Ebbe
c	1. [s]	vor e, i, y, ä, ö (= vordere Vokale)		
		cyckel	['sykəl]	Fahrrad
	2. [k]	vor a, o, u, å (= hintere Vokale) und vor Konsonanten		
		cancer	['kansər]	Krebs
		clou	[klu:]	Clou
cc	[ks]	kommt nur in Fremdwörtern vor		
		acceptera	[aksɛp'te:ra]	akzeptieren
ch	1. [ʃ]	in vielen Fremdwörtern		
		chikan	[ʃi'kɑ:n]	Schikane
		lunch	[lənʃ]	Mittagessen
	2. [ç]	in einigen Fremdwörtern		
		check	[çɛk:]	Scheck
ck	[k:]	immer		
		bläck	[blɛk:]	Tinte
		vecka	[ˇvek:a]	Woche

Buchstabe(n)	Aussprache	Bedingung		
d	[d]	immer		
		du	[dʉ:]	du
		land	[land]	Land
		jedoch fällt in der Umgangssprache [d] am Wortende nach Vokal häufig aus		
		bröd	[brø:]	Brot
dd	[d:]	vor Vokal und am Wortende, sonst [d]		
		kudde	[ˇkɵd:ə]	Kissen
dj	[j]	am Wortanfang, sonst [dj]		
		djur	[jʉ:r]	Tier
e	1. [e:]	vor einem Konsonantenbuchstaben, vor rd, rl, rn und am Wortende		
		leva	[ˇle:va]	leben
		le	[le:]	lachen
		herde	[ˇhe:ɖə]	Hirte
	2. [e]	in einigen Wörtern vor zwei Konsonantenbuchstaben		
		enda	[ˇenda]	einzig
		in Fremdwörtern häufig unbetont, wenn die betonte Silbe folgt		
		republik	[repəˈbli:k]	Republik
	3. [ɛ]	vor mehreren Konsonantenbuchstaben oder vor x		
		svensk	[svɛnsk]	schwedisch
	4. [æ]	vor r + weiterem Konsonantenbuchstaben (nicht vor rd, rl, rn)		
		berg	[bærj]	Berg
	5. [ə]	unbetont, besonders in Vorsilben und Endungen		
		begripa	[bəˈgri:pa]	begreifen
		påse	[ˇpo:sə]	Tüte
		huset	[ˈhʉ:sət]	das Haus
f	[f]	immer		
		föra	[ˇfœ:ra]	führen
		efter	[ˈɛfter]	nach
ff	[f:]	vor Vokal und am Wortende, sonst [f]		
		skaffa	[ˇskaf:a]	anschaffen

Buchstabe(n)	Aussprache	Bedingung		
g	1. [g]	vor a, o, u, å und vor [ə]; vor Konsonant		
		gata	[ˇgɑ:ta]	Straße
		grön	[grø:n]	grün
		fågel	[ˈfo:gəl]	Vogel
	2. [j]	nach l oder r; vor e, i, y, ä, ö in schwedischen Wörtern und vielen Fremdwörtern		
		berg	[bærj]	Berg
		valg	[valj]	Wahl
		get	[je:t]	Ziege
		geografi	[jeugraˈfi:]	Geographie
	3. [ŋ]	in der Verbindung gn, wenn n zum Stamm gehört		
		regna	[ˇrɛŋna]	regnen
		vagn	[vaŋn]	Wagen
	4. [ʃ]	vor e in einigen Fremdwörtern		
		geni	[ʃeˈni:]	Genie
	5. [g̊]	weniger stimmhaft zwischen kurzem Vokal und s oder t		
		sagt	[sag̊t]	gesagt
		dagsnyheter	[ˇdag̊sny:he:tər]	Nachrichten
	6.	Beim normalen Sprechen fällt [g] ganz weg in den Adjektivendungen *-ig* und *-lig* und bei dem Wort *jag* (ich), wenn es nicht besonders hervorgehoben werden soll		
		trolig	[ˇtru:li]	wahrscheinlich
		möjligtvis	[ˇmøjlitˈvi:s]	möglicherweise
		jag	[jɑ:]	ich
		aber		
		jaget	[ˈjɑ:gət]	das Ich
gg	[g:]	vor Vokal und am Wortende, sonst [g]		
		vagga	[ˇvag:a]	Wiege
gj	[j]	am Wortanfang, sonst [gj]		
		gjorde	[ˇju:ɖə]	machte
h	[h]	immer		
		hund	[hɵnd]	Hund
hj	[j]	am Wortanfang		
		hjul	[jʉ:l]	Rad

Buchstabe(n)	Aussprache	Bedingung		
i	1. [i:]	vor einem Konsonantenbuchstaben		
		hit	[hi:t]	hierher
	2. [i]	vor mehreren Konsonantenbuchstaben oder vor x		
		bild	[bild]	Bild
		blixt	[blikst]	Blitz
j	1. [j]	in schwedischen Wörtern		
		jag	[jɑ:(g)]	ich
		höjd	[højd]	Höhe
	2. [ʃ]	in einigen Fremdwörtern		
		journalist	[ʃuɳa'list]	Journalist
k	1. [k]	vor a, o, u, å, vor Konsonanten und in einigen Fremdwörtern		
		kalla	[ˇkal:a]	rufen
		klok	[klu:k]	klug
		kö	[kø:]	Warteschlange
	2. [ç]	vor e, i, y, ä, ö		
		kedja	[ˇçe:dja]	Kette
		köra	[ˇçœ:ra]	fahren
kj	[ç]	am Wortanfang, sonst [kj]		
		kjol	[çu:l]	Rock
l	1. [l]	fast immer		
		mål	[mo:l]	Ziel
	2.	fällt aus in wenigen Wörtern		
		värld	[væ:ɖ]	Welt
		karl	[kɑ:r]	Kerl
lj	[j]	am Wortanfang, sonst lj		
		ljuga	[ˇjʉ:ga]	lügen
		välja	[ˇvɛlja]	wählen
ll	[l:]	vor Vokal und am Wortende, sonst [l]		
		kall	[kal:]	kalt
m	1. [m]	am Wortanfang und im Wortinnern, am Wortende nach Langvokal		
		mor	[mu:r]	Mutter
		jama	[ˇjɑ:ma]	miauen
	2. [m:]	nach Kurzvokal am Wortende		
		kam	[kam:]	Kamm

Buchstabe(n)	Aussprache	Bedingung
mm	[m:]	vor Vokal und am Wortende, sonst [m] lamm [lam:] Lamm kamma [ˇkam:a] kämmen
n	1. [n]	am Wortanfang und im Wortinnern, am Wortende nach Langvokal ny [ny:] neu andra [ˇandra] andere
	2. [n:]	nach Kurzvokal am Wortende und in dem Wort *honom* men [men:] aber honom [ˇhɔn:ɔm] ihm
	3. [ŋ]	in einigen französischen Lehnwörtern, zum Teil wechselnd mit der Aussprache [n] intressant [intrɛ'saŋt] oder [intrɛ'sant] interessant pension [paŋ'ʃu:n] Pension annons [a'nɔŋs] oder [a'nɔns] Anzeige
ng	1. [ŋ:]	vor Vokal und am Wortende många [ˇmɔŋ:a] viele lång [lɔŋ:] lang
	2. [ŋ]	vor Konsonant mängd [mɛŋd] Menge
nk	[ŋk]	immer blänka [ˇblɛŋka] blinken
nn	[n:]	vor Vokal und am Wortende, sonst [n] minne [ˇmin:ə] Gedächtnis
o	1. [o:]	vor einem Konsonantenbuchstaben, aber in einigen Wörtern auch vor zwei Konsonantenbuchstaben honung [ˇho:nəŋ] Honig moln [mo:ln] Wolke
	2. [ɔ]	vor mehreren Konsonantenbuchstaben (nicht rd, rl, rn) oder x, aber in einigen Wörtern auch vor einem Konsonantenbuchstaben kofta [ˇkɔfta] Strickjacke honom [ˇhɔn:ɔm] ihm

Buchstabe(n)	Aussprache	Bedingung
o	3. [u:]	vor einem Konsonantenbuchstaben oder am Wortende bro [bru:] Brücke mot [mu:t] gegen
	4. [u]	häufig unbetont vor einer betonten Silbe potatis [pu'tɑ:tis] Kartoffel
p	[p]	immer park [park] Park köp [çø:p] Kauf
pp	[p:]	vor Vokal und am Wortende, sonst [p] kappa [ˇkap:a] Mantel lapp [lap:] Zettel
qu/qv	[kv]	kommt nur noch in Namen vor Lindquist [ˇlindkvist] Lindquist Almqvist [ˇalmkvist] Almqvist
r	[r]	immer resa [ˇre:sa] Reise
rd	[ɖ]	immer, aber vgl. auch Seite 28 jord [ju:ɖ] Erde
rds	[ɖʂ]	sehr häufig, selten als [ɖs] värdshus [ˇvæ:ɖʂhʉ:s] Gasthaus
rl	[ɭ]	immer, aber vgl. auch Seite 28 kärl [çæ:ɭ] Gefäß
rn	[ɳ]	immer, aber vgl. auch Seite 28 stjärna [ˇʃæ:ɳa] Stern
rs	[ʂ]	immer, aber vgl. auch Seite 28 kors [kɔʂ] Kreuz
rt	1. [ʈ:]	nach Kurzvokal, aber vgl. auch Seite 28 kort [kɔʈ:] kurz
	2. [ʈ]	nach Langvokal, aber vgl. auch Seite 28 hjortron [ˇju:ʈrɔn] Multebeere
s	[s]	immer stimmlos söt [sø:t] süß
sc	1. [ʃ]	in gewissen Fremdwörtern fascinera [faʃi'ne:ra] faszinieren

Buchstabe(n)	Aussprache	Bedingung
sc	2. [s]	in gewissen Fremdwörtern scen [seːn] Szene
sch	1. [ʃ]	in vielen Fremdwörtern schakt [ʃakt] Schacht
	2. [sk]	in einigen Fremdwörtern schizofren [skitsɔ'freːn] schizophren
sh	[ʃ]	in wenigen Fremdwörtern shoppa ['ʃɔpːa] einkaufen
si	[ʃ]	in wenigen Fremdwörtern pension [paŋ'ʃuːn] Pension
sj	[ʃ]	immer själ [ʃɛːl] Seele
sk	1. [ʃ]	vor e, i, y, ä, ö skära ['ʃæːra] schneiden
	2. [sk]	vor a, o, u, å oder vor Konsonant skål [skoːl] prost svenskt [svɛnskt] schwedisch *n*
skj	[ʃ]	am Wortanfang skjuta ['ʃʉːta] schießen
ss	[sː]	vor Vokal und am Wortende, sonst [s] kassa ['kasːa] Kasse pass [pasː] Paß
ssi	[ʃ]	in einigen Fremdwörtern mission [mi'ʃuːn] Mission
ssj	[ʃː]	in wenigen Wörtern hyssja ['hyʃːa] ‚pst' rufen
stj	[ʃ]	am Wortanfang stjäla ['ʃɛːla] stehlen
t	[t]	immer tänka ['tɛŋka] denken höst [høst] Herbst
ti	[ʃ]	in einigen Fremdwörtern nation [na'ʃuːn] Nation
tj	[ç]	am Wortanfang tjuv [çʉːv] Dieb

Buchstabe(n)	Aussprache	Bedingung		
tt	[t:]	vor Vokal oder am Wortende, sonst [t]		
		skratta	[ˇskrat:a]	lachen
		katt	[kat:]	Katze
u	1. [ʉ:]	vor einem Konsonantenbuchstaben oder am Wortende		
		ljud	[jʉ:d]	Laut
		du	[dʉ:]	du
	2. [ɵ]	vor mehreren Konsonantenbuchstaben oder x		
		hund	[hɵnd]	Hund
		lux	[lɵks]	Luxus
v	[v]	immer		
		vägg	[vɛg:]	Wand
		behov	[bəˈhu:v]	Bedarf
x	[ks]	immer		
		växa	[ˇvɛksa]	wachsen
		lux	[lɵks]	Luxus
y	1. [y:]	vor einem Konsonantenbuchstaben, am Wortende		
		hyra	[ˇhy:ra]	mieten
		ny	[ny:]	neu
	2. [y]	vor mehreren Konsonantenbuchstaben oder x		
		tyst	[tyst]	still
		yxa	[ˇyksa]	Axt
	3. [œ]	in dem Wort fyrtio		
		fyrtio	[ˈfœʈ:i]	vierzig
z	1. [s]	in Fremdwörtern		
		zon	[so:n]	Zone
		mazarin	[masaˈri:n]	ein Gebäck
	2. [ts]	in einigen Fremdwörtern		
		schizofren	[skitsɔˈfre:n]	schizophren
å	1. [o:]	vor einem Konsonantenbuchstaben, am Wortende, vor rd, rl, rn		
		båt	[bo:t]	Boot
		rå	[ro:]	roh
		vård	[vo:ɖ]	Pflege

Buchstabe(n)	Aussprache	Bedingung		
å	2. [ɔ]	vor mehreren Konsonantenbuchstaben (außer rd, rl, rn)		
		sådd	[sɔd:]	Saat
ä	1. [ɛ:]	vor einem Konsonantenbuchstaben (außer r und x), am Wortende		
		läkare	[ˇlɛ:karə]	Arzt
		fä	[fɛ:]	Vieh
	2. [æ:]	vor r am Wortende, vor r + Vokal, vor rd, rl, rn		
		här	[hæ:r]	hier
		bära	[ˇbæ:ra]	tragen
		värde	[ˇvæ:ɖə]	Wert
	3. [ɛ]	vor mehreren Konsonantenbuchstaben (außer r + Konsonant) und vor x		
		kälke	[ˇçɛlkə]	Schlitten
		växa	[ˇvɛksa]	wachsen
	4. [æ]	vor r + Konsonant (außer rd, rl, rn)		
		värme	[ˇværmə]	Wärme
		färs	[fæʂ]	Hackfleisch
ö	1. [ø:]	vor einem Konsonantenbuchstaben (außer r und x) und am Wortende		
		böta	[ˇbø:ta]	Strafe zahlen
		kö	[kø:]	Warteschlange
	2. [œ:]	vor r am Wortende, vor r + Vokal, vor rd, rl, rn		
		smör	[smœ:r]	Butter
		före	[ˇfœ:rə]	vor
		hörn	[hœ:ɳ]	Ecke
	3. [ø]	vor mehreren Konsonantenbuchstaben (außer r + Konsonant) und vor x		
		mjölk	[mjølk]	Milch
	4. [œ]	vor r + Konsonant (außer rd, rl, rn)		
		smörja	[ˇsmœrja]	schmieren

Anmerkung zu rd, rl, rn, rs, rt

Für alle diese Buchstabenfolgen gilt, daß sie auch über Wortfugen und Wortgrenzen hinaus als [ɖ], [ɭ], [ɳ], [ʂ], [ʈ] gesprochen werden. Man nennt diese Laute, die mit leicht zurückgebogener Zungenspitze ausgesprochen werden, Retroflexe (im Schwedischen heißen sie auch *supradentaler*). Die Varianten des Schwedischen (Südschweden und Finnland), die im Wort keine Retroflexe kennen, haben natürlich auch in der Wortfuge und an Wortgrenzen diese Laute nicht.

fördela	[fœ'ɖe:la]	verteilen
vårdag	[ˇvo:ɖɑ:g]	Frühlingstag
förlora	[fœ'ɭu:ra]	verlieren
nederlag	[ˇne:də'ɭɑ:g]	Niederlage
förneka	[fœ'ɳe:ka]	verneinen
efternamn	[ˇɛftə'ɳamn]	Nachnahme
försvara	[fœ'ʂvɑ:ra]	verteidigen
systerson	[ˇsystə'ʂo:n]	Neffe
förtulla	[fœ'ʈɵl:a]	verzollen
amatörteater	[amaˇtœ:ʈe:ɑ:tər]	Amateurtheater

Beim schnellen Sprechen werden die Buchstabenfolgen rd, rl, rn, rs, rt auch über Wortgrenzen hinaus als Retroflexe ausgesprochen. Die Häufigkeit ihres Vorkommens hängt vor allem von der Sprechgeschwindigkeit ab. Je schneller gesprochen wird, um so mehr Retroflexe kommen vor. Darüber hinaus spielen auch individuelle Gewohnheiten eine Rolle. Nur wenn zwischen zwei Wörtern eine Pause gemacht wird, bleiben immer beide Laute im Auslaut und Anlaut erhalten.

Beispiele für [ɖ], [ɭ], [ɳ], [ʂ], [ʈ] im Satz

Vad kostar det?	[vɑ: ˇkɔstaɖe:]	Was kostet das?
Var ligger stationen?	[vɑ: 'ɭig:ər sta'ʃu:nən]	Wo liegt der Bahnhof?
Har ni mjölk?	[hɑ:ɳi: 'mjølk]	Haben Sie Milch?
När skall du börja?	[næ:ʂka dʉ: ˇbœrja]	Wann wirst du anfangen?
Vi stannar till i morgon.	[vi: ˇstan:aʈil i ˇmɔr:ɔn]	Wir bleiben bis morgen.

1) Die offizielle schwedische Orthographie findet sich in
Svenska Akademiens Ordlista över svenska språket, Stockholm [10]1976.

Silbentrennung

Im Schwedischen kann man Wörter nach zwei Prinzipien trennen:

1. ähnlich wie im Deutschen nach Sprechsilben, so daß ein einzelner Konsonant auf die nächste Zeile kommt, bei mehreren Konsonanten der letzte;

ve-ta	wissen
sit-ta	sitzen
poj-ke	Junge
frans-ka	französisch

2. ähnlich wie im Englischen nach Bildungssilben, so daß Zusammensetzungen getrennt, Vorsilben, Endungen usw. abgetrennt werden.

för-ord-et	Vorwort
be-kant-skaps-krets-en	Bekanntenkreis

Wenn Buchstabengruppen für einen Laut stehen, dürfen sie nicht getrennt werden, z. B.

ng in *tunga* (Zunge), nur *tung-a;*
ck darf man nicht trennen, Wörter wie *tacka* (danken) können nur *tack-a* getrennt werden.
x kann nie auf die nächste Zeile, nur *väx-er* (wächst).

Groß- und Kleinschreibung[1)]

Großbuchstaben schreibt man im Schwedischen

1. am Satzanfang, nach Punkt, nach Frage- und Ausrufezeichen;

2. in Eigennamen.

Sverige	Schweden
Lars och Eva	Lars und Eva

Besteht ein Eigenname aus zwei Wörtern und das zweite ist ein gewöhnliches Substantiv, so schreibt man nur das erste Wort groß.

Stilla havet	der Stille Ozean
Förenta staterna	die Vereinigten Staaten

3. Anredewörter in Briefen werden häufig großgeschrieben, ebenso Titel als Anrede in Briefen.

Du, Din	Du, Dein
Ni, Er	Sie, Ihnen
Kära Professor Lund!	Sehr geehrte Frau Professor Lund!
Käre Professor Lund!	Sehr geehrter Herr Professor Lund!

Alles andere schreibt man klein.

Formenlehre

Artikel (Geschlechtswort) **und grammatisches Geschlecht**

Im Schwedischen werden bei Artikel, Substantiv und Adjektiv nur zwei Geschlechter unterschieden, nämlich Utrum (männlich und weiblich) und Neutrum (sächlich). Bei den Pronomen (Fürwörtern) werden wie im Deutschen drei Geschlechter unterschieden. Die Zugehörigkeit eines Substantivs zur Klasse der Utrum-Wörter oder der Neutrum-Wörter ist an der Form des Artikels zu sehen. An der Form des Substantivs allein ist das Geschlecht nicht zu erkennen.

Der unbestimmte Artikel

Im Singular steht der unbestimmte Artikel vor dem Substantiv und heißt im Utrum *en,* im Neutrum *ett.* Im Plural gibt es keinen unbestimmten Artikel.

Utrum	**en** **en**	stol kniv	ein Stuhl ein Messer
Neutrum	**ett** **ett**	äpple barn	ein Apfel ein Kind

Der bestimmte Artikel

Der bestimmte Artikel ist kein selbständiges Wort wie im Deutschen, sondern eine Endung, die an das Substantiv angehängt wird. Steht ein Adjektiv vor dem Substantiv, so wird ein zusätzlicher bestimmter Artikel gebraucht (siehe Seite 32).
Im Singular heißt der angehängte bestimmte Artikel im Utrum *-en,* wenn das Wort auf Konsonant auslautet; er heißt *-n,* wenn das Wort auf Vokal oder unbetonten Vokal + *l* oder *r* auslautet. Im Neutrum heißt der bestimmte Artikel *-et,* wenn das Wort auf Konsonant auslautet; er heißt *-t,* wenn das Wort auf unbetonten Vokal auslautet. Wörter, die auf betonten Vokal auslauten, wie z. B. *knä* (Knie), können entweder die Artikelform mit *-e-* oder ohne *-e-* haben, also *knäet* oder *knät* (das Knie). Alle Utrum-Wörter auf *-an* und viele Fremdwörter auf *-en* fügen keinen bestimmten Artikel mehr an, z. B. *början* ([der] Anfang) oder *examen* ([das] Examen). Bei diesen Wörtern sind unbestimmte und bestimmte Form gleich.

Bei bestimmten Formen treten Stammveränderungen ein:

1. Wörter mit Akzent 1, die auf unbetontes *-el, -en, -er* enden, verlieren dieses *-e-,* wenn der Artikel angehängt wird, z. B.
   vatten – vattnet (das) Wasser
   medel – medlet (das) Mittel
   fönster – fönstret (das) Fenster
   Ausnahmen:
   bäcken – bäckenet (das) Becken
   cykel – cykeln oder cyklen (das) Fahrrad

2. Wörter auf *-eum, -ium* und einige auf *-um* verlieren das *-um,* wenn der bestimmte Artikel angehängt wird:
   museum – museet (das) Museum
   gymnasium – gymnasiet (das) Gymnasium
   centrum – centret (das) Zentrum
   Ausnahmen:
   album – albumet (das) Album
   datum – datumet (das) Datum

3. Manche Wörter haben in ihrer bestimmten Form Kurzformen, z. B.
   staden – stan die Stadt
   dagen – dan der Tag

   Diese Kurzformen werden vor allem in der Umgangssprache gebraucht.

Singular	unbestimmte Form		bestimmte Form	
Utrum	stol	Stuhl	stol**en**	der Stuhl
	flicka	Mädchen	flick**an**	das Mädchen
	början	Anfang	början	der Anfang
	fordran	Forderung	fordran	die Forderung
	fruktan	Furcht	fruktan	die Furcht
Neutrum	glas	Glas	glas**et**	das Glas
	äpple	Apfel	äppl**et**	der Apfel
	fönster	Fenster	fönstr**et**	das Fenster
	vatten	Wasser	vattn**et**	das Wasser
	museum	Museum	muse**et**	das Museum

Im Plural (Mehrzahl) heißt der bestimmte Artikel bei allen Utrum-Wörtern und wenigen Neutrum-Wörtern *-na,* bei Neutrum-Wörtern der 5. Deklination (vgl. Seite 38) *-en,* bei den anderen Neutrum-Wörtern *-a.* Der bestimmte Artikel im Plural wird an die Pluralendung des Substantivs angehängt. Bei den Wörtern, die keine Pluralendung anhängen, wird er direkt an den Stamm angehängt.

Wörter, die auf unbetonte *-el, -en, -er* enden und den bestimmten Artikel *-en* im Plural erhalten, verlieren das *-e-* vor dem Pluralartikel; alternativ haben sie oft eine umgangssprachliche Form auf *-na* ohne *e*-Ausfall.

Plural	unbestimmte Form		bestimmte Form	
Utrum	stolar katter lärare	Stühle Katzen Lehrer	stolar**na** katter**na** lärar**na**	die Stühle die Katzen die Lehrer
Neutrum	bagerier hus knän fönster	Bäckereien Häuser Knie Fenster	bagerier**na** hus**en** knän**a** fönstr**en** fönster**na**	die Bäckereien die Häuser die Knie die Fenster

- Bemerkung zur Aussprache: Das *n* des bestimmten Artikels im Plural wird zusammen mit dem *r* der Pluralendung zu [ɳ], also *stolarna* ['stu:laɳa] usw. (vgl. Seite 28).

Der freistehende Artikel

Steht vor einem Substantiv in bestimmter Form ein Adjektiv, so muß im allgemeinen ein zusätzlicher bestimmter Artikel dem Adjektiv vorangestellt werden. Dieser Artikel hat folgende Formen:

Utrum	den
Neutrum	det
Plural	de

Übersicht über die verschiedenen Artikel

	unbestimmt	bestimmt
Utrum	**en** båt ein Boot **en** stor båt ein großes Boot	båt**en** das Boot **den** stora båt**en** das große Boot
Neutrum	**ett** hus ein Haus **ett** stort hus ein großes Haus	hus**et** das Haus **det** stora hus**et** das große Haus
Plural	hus Häuser stora hus große Häuser	hus**en** die Häuser **de** stora hus**en** die großen Häuser

Für die Formen des Adjektivs siehe Seite 41 ff.

In Eigennamen, Ortsbezeichnungen und stehenden Ausdrücken kann der freistehende Artikel fehlen. Es steht dann nur der angehängte Artikel bzw. bei Namen kein Artikel.

trötta Lena	Müde-Lena (eine Frau, der man diesen Namen gegeben hat, während
den trötta Lena	irgendeine Lena ist, die gerade müde ist)
Stilla oceanen	der Stille Ozean
Franska revolutionen	die Französische Revolution

Auch in der Umgangssprache und besonders in der Reklame- und Zeitungssprache kann der freistehende Artikel fehlen.

Der freistehende Artikel fehlt auch vor *hela* und *halva,* wenn sie unmittelbar vor dem Substantiv stehen.

Hon arbetade hela dagen.	Sie arbeitete den ganzen Tag.
Han arbetar halva veckan.	Er arbeitet die halbe Woche.

Er fehlt ebenfalls vor Adjektiven, die Lage oder Reihenfolge angeben.

förra året	letztes Jahr, das letzte Jahr
högra, vänstra foten	der rechte, linke Fuß
övre, nedre delen	der obere, untere Teil
första, sista kapitlet	das erste, letzte Kapitel

Der Gebrauch der Artikel

Wie im Deutschen kann auch im Schwedischen ein Substantiv ohne Artikel stehen, mit unbestimmtem Artikel oder mit bestimmtem Artikel. Hier können nur allgemeine Regeln gegeben werden, im Einzelfall ist der Gebrauch der Artikel oft eine Frage des Stils. (Vgl. auch Seite 66f. Übersicht über bestimmte und unbestimmte Form von Adjektiv und Substantiv nach gewissen Wörtern.)

Das Substantiv steht ohne Artikel

1. wenn das Substantiv nicht näher (durch ein Adjektiv, durch einen Relativsatz) bestimmt ist, bei Berufs-, Nationalitäts- und Religionsbezeichnungen, bei der Bezeichnung von philosophischer oder politischer Gruppenzugehörigkeit:

Hon är läkare.	Sie ist Ärztin.
Han är italienare.	Er ist Italiener.
Han är katolik.	Er ist Katholik.
Hon är socialist.	Sie ist Sozialistin.

2. bei Stoff- oder Materialbezeichnungen oder bei Angabe der Ausstattung:

Vi åt kött idag.	Wir aßen heute Fleisch.
Vi dricker kaffe efter maten.	Wir trinken nach dem Essen Kaffee.
Klockan är gjord av guld.	Die Uhr ist aus Gold (gemacht).
Huset har (en) trädgård.	Das Haus hat einen Garten.
Rummet har dusch och toalett.	Das Zimmer hat Bad und Toilette.

3. bei Angabe von Verkehrsmitteln:

Vi åker buss, taxi, tunnelbana.	Wir fahren Bus, Taxi, U-Bahn.
Du tar tåg, buss, cykel.	Du nimmst den Zug, den Bus, das Fahrrad.

4. bei Substantiven, die Abstrakta, auch Sprachen, bezeichnen:

Jag kände rädsla.	Ich empfand Furcht.
Hon tittade med intresse.	Sie schaute mit Interesse.
Han hade tid att …	Er hatte Zeit zu …
Eva pratar (flytande) svenska.	Eva spricht (fließend) Schwedisch.

5. bei Werkzeugen, Instrumenten, Spielen u. ä.:

spela fiol	Geige spielen
skriva (på) maskin	(auf der) Maschine schreiben
spela schack	Schach spielen

6. nach vorausgehendem Genitiv:

familjens bil	das Auto der Familie = der Familie Auto
Evas bok	Evas Buch

7. bei Personennamen und vielen geographischen Namen:

Eva och Lars bor i Stockholm.	Eva und Lars wohnen in Stockholm.
Köpenhamn och Helsingfors är huvudstäder.	Kopenhagen und Helsinki sind Hauptstädte.
Vi reste genom Frankrike, Tyskland och Schweiz.	Wir reisten durch Frankreich, Deutschland und die Schweiz.

ABER:

Mongoliet (best. Form)	die Mongolei
Förenta staterna (best. Form)	die Vereinigten Staaten

Das Substantiv steht mit dem unbestimmten Artikel

1. wenn man von einer (noch) unerwähnten oder unbekannten Person, Sache oder Angelegenheit spricht.

Jag har köpt en cykel.	Ich habe ein Fahrrad gekauft.
Varje svensk familj har en sommarstuga.	Jede schwedische Familie hat ein Sommerhaus.
Titta en älg!	Schau, ein Elch!

2. vor Substantiv mit näherer Bestimmung durch vorausgehendes Adjektiv (ohne vorausgehendes Adjektiv vgl. Punkt 1 ohne Artikel) oder Relativsatz.

Hon är en bra läkare.	Sie ist eine gute Ärztin.
Han är en katolik, som...	Er ist ein Katholik, der...
Det var ett dyrt vin.	Das war ein teurer Wein.

Im Plural steht häufig *några* (einige) in der Funktion eines unbestimmten Artikels.

Jag har köpt några böcker.	Ich habe (einige) Bücher gekauft.

Vergleichen Sie:

Han åt smörgås.	Er aß Butterbrot (und kaute nicht Kaugummi).
Han åt en smörgås.	Er aß ein Butterbrot (und nicht Kuchen).

Das Substantiv mit bestimmtem Artikel (zum Gebrauch des freistehenden bestimmten Artikels s. Seite 32f.) steht

1. wenn von einer bereits erwähnten oder näher bestimmten Person, Sache oder Angelegenheit die Rede ist.

Han är mannen vi träffade i Stockholm.	Er ist der Mann, den wir in Stockholm trafen.
Hon köpte en ny bil, men nu tänker hon sälja bilen igen.	Sie kaufte ein neues Auto, aber nun hat sie vor, das Auto wieder zu verkaufen.

2. zur Bezeichnung der Sorte oder Art als Ganzes

Är kvinnan verkligen jämställd?	Ist die Frau wirklich gleichberechtigt?
Katten är ett husdjur.	Die Katze ist ein Haustier.
Brödet har blivit dyrare.	Das Brot ist teuer geworden.

3. bei personifizierten abstrakten Substantiven

livet	das Leben
döden	der Tod
sanningen	die Wahrheit

4. bei der Anrede in der 3. Person, bei Amtsbezeichnungen oder Titeln

Var så god, professorn.	Bitte sehr, Herr/Frau Professor (wörtl.: der/die Professor[in]).
God dag, doktorn.	Guten Tag, Herr/Frau Doktor (wörtl.: der/die Doktor[in]).

Das Substantiv (Hauptwort)

Pluralbildung

Die schwedischen Substantive lassen sich nach ihrer Pluralbildung in 5 Deklinationen (Beugungen) einteilen. Neben diesen regelmäßigen gibt es auch unregelmäßige Pluralbildungen, die auf einige Wörter beschränkt sind.

1. Deklination

Diese Deklination hat im Plural die Endung *-or* [ur], heute vielfach als [ər] gesprochen. Substantive, die auf *-a* im Singular enden, verlieren dieses *-a* vor der Pluralendung. Substantive, die auf unbetontes *-el* oder *-er* enden, verlieren das *-e-* vor der Pluralendung. Zur 1. Deklination gehören nur Utrum-Wörter.

Singular		Plural	
en ros	eine Rose	två ros**or**	zwei Rosen
en blomma	eine Blume	två blomm**or**	zwei Blumen
en toffel	ein Pantoffel	två toffl**or**	zwei Pantoffel
en åder	eine Ader	två ådr**or**	zwei Adern

2. Deklination

Diese Deklination hat im Plural die Endung *-ar.* Substantive, die auf *-e* enden, verlieren dieses *-e-* vor der Pluralendung. In dieser Deklination kommen auch Wörter mit Umlaut vor. Als Umlaut bezeichnet man eine Vokalveränderung im Stamm. In der 2. Deklination wird dabei o zu ö. Substantive, die auf unbetontes *-el, -en, -er* enden, verlieren das *-e-* vor der Pluralendung. Zur 2. Deklination gehören nur Utrum-Wörter.

Singular		Plural	
en arm	ein Arm	två arm**ar**	zwei Arme
en bro	eine Brücke	två bro**ar**	zwei Brücken
en pojke	ein Junge	två pojk**ar**	zwei Jungen
en syster	eine Schwester	två systr**ar**	zwei Schwestern
en mo(de)r	eine Mutter	två mödr**ar**	zwei Mütter

3. Deklination

Diese Deklination hat die Pluralendung *-er* oder *-r*. In dieser Deklination kommen folgende Umlaute vor: a zu ä, å zu ä, o zu ö. Der Stammvokal kann im Plural auch gekürzt sein. Substantive, die auf unbetontes *-el, -er* enden, verlieren dieses *-e-* vor der Pluralendung. Ebenso fallen unbetonte *-a, -o* und *-um* aus. Bei einigen Wörtern verschiebt sich die Betonung: *professor* [proˈfɛsɔr], aber *professorer* [profɛˈsoːrər]. Zu dieser Deklination gehören sowohl Utrum-Wörter als auch Neutrum-Wörter.

Singular		Plural	
en katt	eine Katze	två katt**er**	zwei Katzen
en händelse	ein Ereignis	två händelse**r**	zwei Ereignisse
en sko	ein Schuh	två sko**r**	zwei Schuhe
ett bageri	eine Bäckerei	två bageri**er**	zwei Bäckereien
en hand	eine Hand	två händ**er**	zwei Hände
en stång	eine Stange	två stäng**er**	zwei Stangen
en bok	ein Buch	två böck**er**	zwei Bücher
en get	eine Ziege	två gett**er**	zwei Ziegen
en fot	ein Fuß	två fött**er**	zwei Füße
en fabel	eine Fabel	två fabl**er**	zwei Fabeln
en historia	eine Geschichte	två histori**er**	zwei Geschichten
ett museum	ein Museum	två muse**er**	zwei Museen

4. Deklination

Diese Deklination hat die Pluralendung *-n.* Zu dieser Deklination gehören nur Neutrum-Wörter.

Singular		Plural	
ett äpple	ein Apfel	två äpple**n**	zwei Äpfel
ett knä	ein Knie	två knä**n**	zwei Knie

5. Deklination

Diese Deklination hat keine eigene Pluralendung. Singular und Plural sind gleich oder unterscheiden sich nur durch Umlaut. Zu dieser Deklination gehören sowohl Utrum-Wörter als auch Neutrum-Wörter.

Singular		Plural	
ett hus	ein Haus	två hus	zwei Häuser
en lärare	ein Lehrer	två lärare	zwei Lehrer
en bro(de)r	ein Bruder	två bröder	zwei Brüder
en man	ein Mann	två män	zwei Männer

Unregelmäßige Pluralbildung

Einige Wörter bilden den Plural nach keiner der beschriebenen Deklinationen.

Singular		Plural	
ett öga	ein Auge	två ögon	zwei Augen
ett öra	ein Ohr	två öron	zwei Ohren

Wörter ohne Plural

Einige Substantive kommen nur im Singular vor. Es handelt sich besonders um abstrakte Substantive, die auf *-an* enden.

en önskan   ein Wunsch

Um Pluralbedeutung dieser Wörter auszudrücken, muß man ein anderes Wort verwenden, z. B. *önskningar* (Wünsche).

Wörter ohne Singular

Einige Wörter kommen nur im Plural vor.

anor	Vorfahren, Ahnen
föreldrar	Eltern
glasögon	Brille
grönsaker	Gemüse
pengar	Geld

1) unregelmäßige bestimmte Form

Übersicht über Deklination und Artikel

	Singular		Plural	
	unbestimmt	bestimmt	unbestimmt	bestimmt
1.	ros	rosen	rosor	rosorna
	Rose	die Rose	Rosen	die Rosen
	blomma	blomman	blommor	blommorna
	Blume	die Blume	Blumen	die Blumen
	toffel	toffeln	tofflor	tofflorna
	Pantoffel	der Pantoffel	Pantoffeln	die Pantoffeln
2.	stol	stolen	stolar	stolarna
	Stuhl	der Stuhl	Stühle	die Stühle
	pojke	pojken	pojkar	pojkarna
	Junge	der Junge	Jungen	die Jungen
	syster	systern	systrar	systrarna
	Schwester	die Schwester	Schwestern	die Schwestern
	bro	bron	broar	broarna
	Brücke	die Brücke	Brücken	die Brücken
	mo(de)r	modern	mödrar	mödrarna
	Mutter	die Mutter	Mütter	die Mütter
3.	katt	katten	katter	katterna
	Katze	die Katze	Katzen	die Katzen
	sko	skon	skor	skorna
	Schuh	der Schuh	Schuhe	die Schuhe
	bok	boken	böcker	böckerna
	Buch	das Buch	Bücher	die Bücher
	bageri	bageriet	bagerier	bagerierna
	Bäckerei	die Bäckerei	Bäckereien	die Bäckereien
	hand	handen	händer	händerna
	Hand	die Hand	Hände	die Hände
	museum	museet	museer	museerna
	Museum	das Museum	Museen	die Museen
4.	äpple	äpplet	äpplen	äpplena
	Apfel	der Apfel	Äpfel	die Äpfel
	knä	knä(e)t	knän	knäna
	Knie	das Knie	Knie	die Knie
5.	hus	huset	hus	husen
	Haus	das Haus	Häuser	die Häuser
	lärare	läraren	lärare	lärarna
	Lehrer	der Lehrer	Lehrer	die Lehrer
	man	mannen	män	männen[1)]
	Mann	der Mann	Männer	die Männer

Die Kasus (Fälle)

Im Schwedischen gibt es nur zwei verschiedene Fälle, nämlich Grundform und Genitiv. Der Genitiv wird durch Anhängen von *-s* gebildet. Dieses Genitivzeichen ist für Singular und Plural gleich. In der unbestimmten Form wird es direkt an das Wort angehängt, in der bestimmten Form steht es nach dem bestimmten Artikel.

Beispiele: *blomma* (Blume) und *barn* (Kind)

	Singular		Plural	
	unbestimmt	bestimmt	unbestimmt	bestimmt
wer wem wen	blomma barn	blomman barnet	blommor barn	blommorna barnen
wessen	blommas barns	blommans barnets	blommors barns	blommornas barnens

Endet ein Wort bereits auf *-s, -x* oder *-z,* so wird kein *-s* mehr angefügt. Grundform und Genitiv sind dann gleich. In Texten findet man in diesem Fall häufig ein Apostroph zur Kennzeichnung des Genitivs.

Lars bok	Lars(ens) Buch
Marx / Marx' } „Das Kapital"	Marx „Das Kapital"

Diese Regel gilt besonders für Namen; bei gewöhnlichen Substantiven (*hus* usw.) versucht man, den Genitiv in der unbestimmten Form zu vermeiden.
Orts-, Familien- und Firmennamen können, auch wenn sie nicht auf *-s* enden, in der Grundform Genitivbedeutung haben.

Uppsala domkyrka	der Dom von Uppsala
Mora knäckebröd	Mora-Knäckebrot

Geht der Genitiv einem Substantiv voraus, so kann wie im Deutschen nur der Genitiv den bestimmten Artikel haben. Im Deutschen kommen allerdings Wendungen mit vorausgehendem Genitiv (außer bei Namen) nur selten vor, im Schwedischen sind sie die Regel.

blommans färg	die Farbe der Blume (wörtl.: der Blume Farbe)

In festen Wendungen und in einigen zusammengesetzten Wörtern sind noch alte Genitivformen erhalten.

hus till sal**u**	Haus zu verkaufen (wörtl.: zum Verkauf)
gå till hand**a**	zur Hand gehen
gat**u**kök	Imbißstand (wörtl.: Straßenküche)
barn**a**ögon	Kinderaugen

Beachten Sie besonders die Verwendung des Genitivs bei Maß- und Zeitangaben:

ett par timmars sömn	ein paar Stunden Schlaf
sjuttio meters djup	siebzig Meter tief
ett tjugo minuters programm	ein Programm von zwanzig Minuten
ett fem våningars hus	ein Haus mit fünf Etagen

Das Adjektiv (Eigenschaftswort)

Adjektive geben in der Regel an, wie etwas beschaffen ist, was charakteristisch ist für das durch das zugehörige Substantiv Bezeichnete. Das Schwedische unterscheidet wie das Deutsche zwischen starkem und schwachem Adjektiv. Das starke Adjektiv steht allein oder mit dem unbestimmten Artikel, im Schwedischen deshalb unbestimmte Form genannt (vgl. ein gute**r** Apfel), das schwache Adjektiv steht mit dem bestimmten Artikel, im Schwedischen deshalb bestimmte Form genannt (vgl. der gut**e** Apfel).

Das starke Adjektiv (Die unbestimmte Form)

Das starke Adjektiv richtet sich in Geschlecht und Zahl nach dem zugehörigen Substantiv. Das starke Adjektiv hat drei Formen:

	Singular	Plural
Utrum	- (ohne Endung)	-a
Neutrum	-t	

Anders als im Deutschen, wo das Adjektiv in prädikativer Stellung unveränderlich ist, stehen im Schwedischen die flektierten Formen auch in prädikativer Stellung.

Utrum	en stor båt Båten är stor.	ein großes Schiff Das Schiff ist groß.
Neutrum	ett stort glas Glaset är stort.	ein großes Glas Das Glas ist groß.
Plural	stora hus Husen är stora.	große Häuser Die Häuser sind groß.

Auch Prädikatsergänzungen richten sich in Geschlecht und Zahl nach dem zugehörigen Substantiv.

Utrum	Hon målade stolen grön.	Sie strich den Stuhl grün an.
Neutrum	Han målar bordet gult.	Er streicht den Tisch gelb an.
Plural	De gjorde oss glada.	Sie machten uns froh.

In bestimmten Fällen kann das Adjektiv im Neutrum stehen, obwohl das Bezugswort offensichtlich Utrum oder Plural ist.

Fisk är gott.	Fisch ist gut.
Mjölk är hälsosamt.	Milch ist gesund.
Nya skor skulle vara fint.	Neue Schuhe wären schön.

Diese Sätze lassen sich als Verkürzung von Sätzen erklären, in denen sich das Adjektiv nach *något* als Bezugswort richtet und sich nicht auf das vorausgehende Substantiv bezieht.

Fisk är något gott.	Fisch ist etwas Gutes.
Mjölk är något hälsosamt.	Milch ist etwas Gesundes.
Nya skor skulle vara något fint.	Neue Schuhe wären etwas Schönes.

Einige Adjektive bilden unregelmäßige Formen. Bei der Bildung der Neutrum- und Pluralformen des Adjektivs sind folgende Regeln zu beachten:

a) Adjektive, die auf betonten Langvokal enden, erhalten im Neutrum Kurzvokal + *tt*.

Utrum		Neutrum		Plural		
ny	[ny:]	nytt	[nyt]	nya	[ˇny:a]	neu
fri	[fri:]	fritt	[frit]	fria	[ˇfri:a]	frei
blå	[blo:]	blått	[blɔt]	blåa	[ˇblo:a]	blau

b) Einsilbige Adjektive, die auf Langvokal + *t* enden, erhalten im Neutrum Kurzvokal + *tt*.

Utrum		Neutrum		Plural		
vit	[vi:t]	vitt	[vit]	vita	[ˇvi:ta]	weiß
våt	[vo:t]	vått	[vɔt]	våta	[ˇvo:ta]	naß

c) Mehrsilbige Adjektive, die auf betonten Vokal + *t* enden, fügen im Neutrum kein weiteres *t* an.

absolut	absolut	absoluta	absolut

d) Adjektive, die auf Konsonant + *t* enden, fügen im Neutrum kein weiteres *t* an.

intressant	intressant	intressanta	interessant
trött	trött	trötta	müde

e) Adjektive, die auf Langvokal + *d* enden, erhalten im Neutrum Kurzvokal + *tt*.

röd	[rø:d]	rött	[røt]	röda	[ˇrø:da]	rot

f) Adjektive, die auf Konsonant + *d* enden, verändern im Neutrum dieses *d* zu *t*.

hård	hårt	hårda	hart

g) Adjektive, die auf unbetontes *-en* enden, verändern im Neutrum dieses *-n* zu *-t*, vor der Pluralendung fällt das *-e-* aus.

vaken	vaket	vakna	wach
mogen	moget	mogna	reif

h) Adjektive, die auf unbetontes *-el*, *-er* enden, verlieren vor der Pluralendung das *-e-*.

enkel	enkelt	enkla	einfach
vacker	vackert	vackra	hübsch

Das schwache Adjektiv (Die bestimmte Form)

Das schwache Adjektiv ist mit der Pluralform des starken Adjektivs identisch, es hat also für beide Geschlechter im Singular und im Plural nur eine Form auf *-a*. (Unregelmäßige Formen siehe beim starken Adjektiv g) und h).)
Das schwache Adjektiv steht bei der bestimmten Form des Substantivs und hat zur Folge, daß im allgemeinen noch der freistehende Artikel (vgl. Seite 32) vor das Adjektiv gesetzt werden muß. Zum Wegfall des freistehenden Artikels vgl. Seite 33.

	Singular	Plural
Utrum	den stor**a** båten das große Schiff	de stor**a** båtarna/husen die großen Schiffe/Häuser
Neutrum	det stor**a** huset das große Haus	

- Im Singular wird bisweilen für Substantive (auch Namen), die männliche Personen bezeichnen, statt *-a* die Endung *-e* angehängt.

den lill**e** pojken	der kleine Junge
Kär**e** vän!	Lieber Freund!
Kär**e** Lars!	Lieber Lars!

Die Adjektive *gammal* (alt) **und *liten*** (klein)

Die Adjektive *gammal* und *liten* bilden besondere Formen.

		Singular	Plural
Utrum	stark	gammal	gamla
	schwach	gamla	
Neutrum	stark	gammalt	
	schwach	gamla	

en gammal bil	ein altes Auto
ett gammalt hus	ein altes Haus
två gamla bilar/hus	zwei alte Autos/Häuser
den gamla bilen	das alte Auto
det gamla huset	das alte Haus
de gamla bilarna/husen	die alten Autos/Häuser

		Singular	Plural
Utrum	stark	liten	små
	schwach	lilla	
Neutrum	stark	litet	
	schwach	lilla	

en liten bil	ein kleines Auto
ett litet hus	ein kleines Haus
två små bilar/hus	zwei kleine Autos/Häuser
den lilla bilen	das kleine Auto
det lilla huset	das kleine Haus
de små bilarna/husen	die kleinen Autos/Häuser

Unveränderliche Adjektive

Einige Adjektive sind unveränderlich. Sie haben im Singular und im Plural, bestimmt und unbestimmt, dieselbe Form, z. B.

bra	gut	gratis	kostenlos
extra	extra	stackars	arm, bedauernswert
gammaldags	altmodisch	lagom	genau richtig
äkta	echt	u. a.	

Vi fick gratis material.	Wir bekamen kostenloses Material.
Böckerna är bra.	Die Bücher sind gut.
De stackers människorna!	Die armen Leute!
Det är en gammaldags klänning.	Das ist ein altmodisches Kleid.

Substantivierter Gebrauch von Adjektiven

Adjektive und Partizipien (s. Seite 86f.) können als Substantive gebraucht werden. In dieser Funktion erhalten sie zwar die Genitivendung *-s* des Substantivs, aber keine der anderen Substantivendungen. Sie flektieren wie Adjektive:

en bekant	ein Bekannter/eine Bekannte
två bekanta	zwei Bekannte
Både unga och gamla var glada.	Jung und alt waren fröhlich (wörtl.: Junge und Alte).
Min bekants bil gick sönder.	Das Auto meines/meiner Bekannten ging kaputt.

Die Komparation (Steigerung) **der Adjektive**

Das Adjektiv hat den Positiv (Grundstufe) und zwei Steigerungsstufen, Komparativ (erste Steigerungsstufe) und Superlativ (zweite Steigerungsstufe). Die Formen werden zum Teil durch Anhängen von Endungen (synthetisch) gebildet, zum Teil (analytisch) durch das Voranstellen von *mer(a)* (mehr) und *mest* (meist) vor das Adjektiv.
Die meisten Adjektive bilden den Komparativ auf *-are,* den Superlativ auf *-ast.*

fin	fin**are**	fin**ast**
fein	feiner	am feinsten
billig	billig**are**	billig**ast**
billig	billiger	am billigsten

- Adjektive, die auf unbetontes *-el, -en, -er* enden, verlieren das *-e-* vor den Endungen *-are* und *-ast.*

enkel	enklare	enklast	einfach
vacker	vackrare	vackrast	hübsch
mogen	mognare	mognast	reif

Einige Adjektive bilden den Komparativ auf *-re,* den Superlativ auf *-st.* Sie haben meist Umlaut.

ung	yngre	yngst	jung
tung	tyngre	tyngst	schwer
stor	större	störst	groß
grov	grövre	grövst	grob
låg	lägre	lägst	niedrig
lång	längre	längst	lang
trång	trängre	trängst	eng
få	färre	–	wenige
små	smärre	–	kleine
hög	högre	högst	hoch

Mehrsilbige Adjektive auf *-sk, -isk* und *-ad,* sowie die Partizipien werden mit *mer(a)* und *mest* gesteigert.

typisk	**mer** typisk	**mest** typisk	typisch
begåvad	**mer** begåvad	**mest** begåvad	begabt
förstående	**mer** förstående	**mest** förstående	verständnisvoll

Folgende fünf Adjektive werden unregelmäßig gesteigert:

dålig	sämre värre[1]	sämst värst[1]
schlecht	schlechter	am schlechtesten
god	bättre godare[2]	bäst godast[2]
gut	besser	am besten
gammal	äldre	äldst
alt	älter	am ältesten
liten	mindre	mindst
klein	kleiner	am kleinsten
många	fler(a)	flest
viele	mehr	die meisten

Anmerkungen zur unregelmäßigen Steigerung

1) *sämre, sämst* verwendet man, um anzugeben, daß jemand oder etwas weniger, am wenigsten gute Eigenschaften hat, also schlechter, am schlechtesten ist; *värre, värst,* um anzugeben, daß jemand oder etwas mehr, am meisten schlechte Eigenschaften hat, also schlimmer, am schlimmsten ist. In der Umgangssprache kommt auch *dåligare, dåligast* vor, vor allem, wenn von schlechtem Gesundheitszustand die Rede ist.

Hon var sjuk i går.	Sie war gestern krank.
I dag är hun sämre.	Heute geht es ihr schlechter.
Han är den sämsta.	Er ist der schlechteste (Leistung).
Han är den värsta.	Er ist der schlimmste (Störenfried).

2) *godare, godast* verwendet man nur in der Bedeutung „besser, am besten schmeckend“ von Speisen und Getränken.

Einige Adjektive, die Platz oder Reihenfolge bezeichnen, haben keine Positivform. Viele von ihnen haben als Superlativendung *-erst,* z. B.:

bakre	hintere	bakerst	hinterste
inre	innere	innerst	innerste
undre	untere	underst	unterste
förra	vordere	först	vorderste
u. a.			

Fjärran (fern) und *nära* (nah) fügen im Komparativ und im Superlativ ein *-m-* ein.

fjärran	fjärmare	fjärmast
nära	närmare	närmast

Komparationsformen werden wie im Deutschen vor allem zum Vergleich gebraucht. Das Vergleichswort heißt im Positiv *som,* im Komparativ *än.*

Jag är så stor som du.	Ich bin so groß wie du.
Du är inte större än jag.	Du bist nicht größer als ich.

Komparativ und Superlativ können auch ohne direkten Vergleich mit einem anderen Wort stehen. Man spricht dann von absolutem Gebrauch.

Det är enklast.	Das ist am einfachsten.
en äldre dam	eine ältere Dame

Eine graduelle Steigerung kann durch wiederholten Komparativ ausgedrückt werden.

större och större	immer größer

Bestimmte und unbestimmte Form beim gesteigerten Adjektiv

Der Komparativ hat nur eine Form. Utrum und Neutrum, bestimmte und unbestimmte Form, Singular und Plural werden nicht unterschieden.

en / ett } större { båt / hus	ein größeres { Schiff / Haus
Båten / Huset } är större.	Das Schiff / Das Haus } ist größer.
den / det } större { båten / huset	das größere { Schiff / Haus
större { båtar / hus	größere { Schiffe / Häuser
Båtarna / Husen } är större	Die Schiffe / Die Häuser } sind größer.
de större { båtarna / husen	die größeren { Schiffe / Häuser

Beim mit *mer(a)* gebildeten Komparativ hat das Adjektiv jeweils dieselbe Form, die es auch im Positiv hätte:

en mera typisk båt	ein typischeres Schiff
ett mera typiskt hus	ein typischeres Haus
usw.	

Im Superlativ wird nur zwischen bestimmter und unbestimmter Form unterschieden. Singular und Plural werden nicht unterschieden. Superlative auf *-ast* bilden die bestimmte Form auf *-e,* die Superlative auf *-st* und die unregelmäßigen bilden die bestimmte Form auf *-a.* Substantive, die männliche Personen bezeichnen, können statt dessen wie auch die bestimmten Adjektive im Positiv ein *-e* haben (vgl. Seite 44).

den vackrast**e** flickan	das schönste Mädchen
den bäst**a** vänninnan	die beste Freundin
den bäst**e** vännen	der beste Freund

Das Adverb (Umstandswort)

Adverbien sind Bestimmungen zu einem Verb, zu einem Adjektiv, zu einem anderen Adverb oder zu einem ganzen Satz und modifizieren die Bedeutung. Adverbien sind unveränderlich. Man unterscheidet Adverbien nach ihrer Bedeutung:

1. Adverbien der Zeit: *nu* (jetzt), *sent* (spät), *aldrig* (niemals)
2. Adverbien des Ortes: *där* (dort), *hemma* (zu Hause), *härifrån* (von hier)
3. Adverbien der Art und Weise: *ganska* (ziemlich), *långsamt* (langsam), *bra* (gut)
4. Frageadverbien: *hur* (wie), *när* (wann), *var* (wo)

Anmerkungen zu den Ortsadverbien:
Beachten Sie folgende Wortpaare. Das kürzere der beiden Adverbien antwortet auf die Frage wohin?, das längere auf die Frage wo?

fram	nach vorne	framme	vorn
hem	nach Hause	hemma	zu Hause
in	hinein	inne	drinnen
ner	hinunter	nere	unten
upp	hinauf	uppe	droben
ut	hinaus	ute	draußen
u. a.			

De går ut.	Sie gehen hinaus.
De är ute.	Sie sind draußen.

Bildung des Adverbs

Adverbien werden auf verschiedene Art gebildet.

a) In vielen Fällen wird die neutrale Form des Adjektivs als Adverb verwendet:

Utrum	Neutrum	Adverb	
sen riktig	sent riktigt	sent riktigt	spät richtig

Posten kommer sen**t**. — Die Post kommt spät.
en riktig**t** svensk specialitet — eine richtig schwedische Spezialität

b) Adjektive auf *-lig* bilden das Adverb auch durch Anhängen von *-en* an die Utrum-Form oder durch Anhängen von *-vis* an die Neutrum-Form:

trolig	troligt	trolig**en** troligt**vis**	wahrscheinlich
möjlig	möjligt	möjlig**en** möjligt**vis**	möglich(erweise)

Hon kommer trolig**en** inte. — Sie kommt wahrscheinlich nicht.
Hon kommer möjligt**vis.** — Sie kommt möglicherweise.

Beachten Sie: Adverbien auf *-ligt* sind häufig Adverbien der Art und Weise, Adverbien auf *-ligen* und *-ligtvis* sind Satzadverbien.

Du talar tydlig**t** med mig. — Du sprichst deutlich mit mir.
Du talar tydlig**en** med mig. — Offenbar sprichst du mit mir.

c) Auch das Partizip Präsens und die Neutrum-Form des Partizips Perfekt können als Adverbien verwendet werden.

Det är strålande vackert. — Es ist strahlend schön.
Jag tror bestäm**t** att … — Ich glaube bestimmt, daß …

d) Außerdem gibt es ursprüngliche Adverbien, wie z. B.

här	hier	alldeles	ganz
där	dort	genast	sofort, gleich
aldrig	niemals	ibland	manchmal

alldeles i närheten — ganz in der Nähe
Här känns det bättre. — Hier fühlt man sich besser.

Die Komparation (Steigerung) **der Adverbien**

Adverbien, die von Adjektiven abgeleitet sind, können wie diese gesteigert werden.

Han kommer sent. — Er kommt spät.
Han kommer senare. — Er kommt später.
Han kommer senast. — Er kommt am spätesten.

Auch einige der ursprünglichen Adverbien haben Steigerungsformen:

bra/väl	bättre	bäst
gut	besser	am besten
fort	fortare	fortast
schnell	schneller	am schnellsten
gärna	hellre	helst
gern	lieber	am liebsten
illa	sämre	sämst
schlecht, schlimm	schlechter	am schlechtesten
	värre	värst
	schlimmer	am schlimmsten
mycket	mer(a)	mest
viel	mehr	am meisten
nära	närmare	närmast
nah	näher	am nächsten
ofta	oftare	oftast
oft	öfter	am häufigsten

Die Pronomen (Fürwörter)

Personalpronomen (Persönliche Fürwörter)

Obwohl das Schwedische bei den Substantiven nur zwei Genera kennt, Utrum und Neutrum, unterscheiden die Personalpronomen in der 3. Person Singular zusätzlich ein Pronomen für Personen im Maskulinum (männliches Geschlecht) und im Femininum (weibliches Geschlecht). Bei den Personalpronomen kommen nur zwei Kasus vor, der Subjektkasus (auf die Frage WER?) und der Objektkasus (auf die Fragen WEM? WEN?).

		Subjektkasus		Objektkasus	
Singular	1.	jag	ich	mig	mir, mich
	2.	du	du	dig	dir, dich
	Höflichkeitsf.	Ni	Sie	Er	Ihnen, Sie
	3. nur Personen	han	er	honom	ihm, ihn
		hon	sie	henne	ihr, sie
	Utrum	den	er, sie,	den	ihm, ihn, ihr,
	Neutrum	det	es	det	sie, es
	reflexiv			sig	sich

		Subjektkasus		Objektkasus	
Plural	1.	vi	wir	oss	uns
	2. Höflichkeitsf.	ni Ni	ihr Sie	er Er	euch Ihnen, Sie
	3. reflexiv	de	sie	dem sig	ihnen, sie sich

Anmerkungen zur Aussprache

1. *Mig, dig, sig* werden gewöhnlich als [mɛj], [dɛj], [sɛj] ausgesprochen. In Briefen, Zeitungstexten usw. werden sie häufig auch *mej, dej, sej* geschrieben.
2. *De, dem* wird meist als [dɔm] ausgesprochen. Häufig werden sie auch *dom* geschrieben. In einigen Dialekten, vornehmlich in Südschweden, spricht man *de* als [di(:)] aus.

Anrede

Im Schwedischen verwendet man die Anrede *du* häufiger als im Deutschen. Zu Freunden und Arbeitskollegen, in Schule und Universität sagt man im allgemeinen immer *du,* häufig auch in Geschäften, beim Tanken usw. *Ni* kann wie das deutsche *Sie* als Anrede für eine unbekannte (meist ältere) Person gebraucht werden. Bei bekannten Personen gilt *ni* aber als weniger höflich als die Anrede in der 3. Person, die vor allem von älteren Leuten und älteren Leuten gegenüber noch verwendet wird. Spricht man jemanden in der 3. Person an, so verwendet man den Titel der Person in der bestimmten Form oder den Titel in der unbestimmten Form und den Familiennamen.

Tror doktorn att det här kommer att bli långvarigt?

Glauben Sie, Herr/Frau Doktor, daß das langwierig ist?
(wörtl.: Glaubt der/die Doktor(in) ... sein wird?)

Har professor Holm sett filmen?

Haben Sie den Film gesehen, Herr/Frau Professor Holm?
(wörtl.: Hat Professor(in) Holm ...?)

han* und *hon

Früher verwendete man im Schwedischen normalerweise *han* und *honom,* wenn ein Substantiv im Utrum eine Person bezeichnete und es keine Rolle spielte, ob die Person ein Mann oder eine Frau war.

Varje talare skall prata tydligt, så att alla kan förstå **honom.**

Jeder Redner muß deutlich sprechen, so daß ihn alle verstehen können.

In den letzten Jahren ist es immer üblicher geworden, in solchen Fällen statt nur des männlichen Pronomens das männliche und das weibliche Pronomen zu verwenden. In der gesprochenen Sprache verbindet man sie durch *eller* (oder). In Texten schreibt man statt *eller* häufig nur einen Schrägstrich.

Varje talare skall prata tydligt, så att man kan förstå **honom eller henne** (honom/henne).	Jeder Redner/Jede Rednerin muß deutlich sprechen, so daß man ihn/sie verstehen kann.

Da das Utrum das gemeinsame Geschlecht für männlich und weiblich ist, sind Formulierungen wie „talaren ... han eller hon" im Schwedischen grammatisch korrekt, während im Deutschen „der Redner ... er oder sie" im allgemeinen nicht akzeptiert wird.

ABER: Det är varje människans plikt, att hon ...
Es ist die Pflicht eines jeden Menschen, daß er ...
(keine Person weiblichen Geschlechts, trotzdem *hon*)

den* und *det

Den und *det* werden nur für Sachen verwendet. *Den* steht für Utrum-Wörter, *det* für Neutrum-Wörter.

Jag har fel på bilen, den kokar.	An meinem Auto ist etwas kaputt, es kocht.
Här är köket, men det är gammalt.	Hier ist die Küche, aber sie ist alt.

ABER: Här är mitt barn. Det är fem år gammalt.
Hier ist mein Kind. Es ist fünf Jahre alt.
(keine Sache, trotzdem *det*)

Det wird vielfach wie dt. es/das als unpersönliches Subjekt gebraucht.

1. *Det* steht mit Formen von *vara* (sein) + Adjektiv, Substantiv, Namen oder Pronomen.

Är det möjligt att betala med check?	Ist es möglich, mit Scheck zu bezahlen?
Det är första gången.	Es/das ist das erste Mal.
Vem är det? Det är Lena.	Wer ist es/das? Es/das ist Lena.
Är det hon? Ja, det är hon.	Ist sie es? Ja, sie ist es.

2. *Det* steht in vielen unpersönlichen Ausdrücken.

Det finns ...	Es gibt ...
Det regnar igen.	Es regnet wieder.
Det ser ut som ...	Es sieht aus, als ...
Det tar lång tid.	Es dauert lange.
Det räcker med en liten bil.	Ein kleines Auto reicht. (wörtl.: Es reicht mit einem kleinen Auto.)

3. *Det* steht beim unpersönlichen Passiv.

Det hörs.	Man hört es. (wörtl.: Es wird gehört.)
Det pratas så mycket om vädret.	Es wird so viel über das Wetter geredet.

4. *Det* steht als Vertreter eines folgenden Subjekts.

Det sitter bara en gäst i hela restaurangen.	Es sitzt nur ein Gast im ganzen Restaurant.
Det är skönt att äta flott ibland.	Es ist schön, manchmal schick zu essen.

5. *Det* steht, um einen Satz, meist eine Frage, wieder aufzugreifen. In dieser Verwendung hat *det* keine direkte Entsprechung im Deutschen.

Är du trött? – Ja, det är jag.	Bist du müde. – Ja. (wörtl.: Ja, das bin ich.)
Ska vi ta kaffe? – Ja, det gör vi.	Sollen wir Kaffee nehmen? – Ja. (wörtl.: Ja, das tun wir.)
Kan du komma? – Ja, det kan jag.	Kannst du kommen? – Ja, das kann ich machen. (wörtl.: Ja, das kann ich.)
Behöver du hjälp? – Nej, det gör jag inte.	Brauchst du Hilfe? – Nein, ich brauche keine. (wörtl.: Nein, das tue ich nicht.)
Köpte du boken? – Nej, det gjorde jag inte.	Hast du das Buch gekauft? – Nein, ich habe es nicht gekauft. (wörtl.: Nein, das tat ich nicht.)

Possessivpronomen (Besitzanzeigende Fürwörter)

Die Possessivpronomen sagen aus, wem etwas gehört. Sie werden adjektivisch verwendet und haben wie das starke Adjektiv drei Formen: Utrum, Neutrum und Plural. Die Possessivpronomen haben als Subjekt und Objekt dieselbe Form. In Geschlecht und Zahl richten sie sich nach dem zugehörigen Substantiv.

1. und 2. Person

Besitz / Besitzer	Singular			Plural	
	Utrum		Neutrum		
1. Ps. Sg.	min	mein(e)	mitt	mina	meine
2. Ps. Sg.	din	dein(e)	ditt	dina	deine
1. Ps. Pl.	vår	unser(e)	vårt	våra	unsere
2. Ps. Pl.	er	euer(e)	ert	era	euere
	Er	Ihr(e)	Ert	Era	Ihre

Wie das Adjektiv, so richtet sich das Possessivpronomen auch in prädikativer Stellung nach dem zugehörigen Substantiv.

Det är **min** bil.	Das ist mein Auto.
Bilen är **min.**	Das Auto gehört mir.
Det är **mitt** hus.	Das ist mein Haus.
Huset är **mitt.**	Das Haus gehört mir.
Det är **mina** bilar/hus.	Das sind meine Autos/Häuser.
Bilarna/Husen är **mina.**	Die Autos/Die Häuser gehören mir.

3. Person

In der dritten Person werden zwei Arten von Possesivpronomen unterschieden, je nachdem ob der Besitzer zugleich auch Subjekt des Satzes ist oder nicht. Ist der Besitzer zugleich Subjekt, so richtet sich das Pronomen in Geschlecht und Zahl nach dem Besitztum.

Besitz / Besitzer	Singular			Plural	
	Utrum		Neutrum		
Sg. + Pl.	sin	sein(e) ihr(e)	sitt	sina	ihre

Han tar **sin** bil.	Er nimmt sein (eigenes) Auto.
Hon tar **sin** bil.	Sie nimmt ihr (eigenes) Auto.
Han tar **sitt** äpple. Hon tar **sitt** äpple.	Er / Sie nimmt seinen / ihren Apfel.
Han tar **sina** böcker. Hon tar **sina** böcker.	Er / Sie nimmt seine / ihre Bücher.

Ist der Besitzer nicht Subjekt des Satzes, so wird ein eigenes Pronomen verwendet, das sich in Geschlecht und Zahl nach dem Besitzer richtet.

„Dessen“ und „deren“ werden im Deutschen gelegentlich zur Verdeutlichung ähnlich verwendet:

Sie trafen ihre Freunde und **ihre** (= eigenen) Verwandten.
Sie trafen ihre Freunde und **deren** (= der Freunde) Verwandten.

Besitzer	Singular	männlich	hans	sein(e)
		weiblich	hennes	ihr(e)
		Utrum/Neutrum	dess	sein(e) ihr(e)
	Plural		deras	ihr(e)

Hans bil är röd.	Sein Auto ist rot.
Hennes hus är blått.	Ihr Haus ist blau.
Dess (= bilens) färg är röd.	Seine (= des Autos) Farbe ist rot.
Dess (= husets) färg är blå.	Seine (= des Hauses) Farbe ist blau.
Deras bil är gammal.	Ihr *(pl)* Auto ist alt.

Feste Wendungen mit *dess:*

innan dess	indessen
sedan dess	seither
dessutom	außerdem
u. a.	

Vergleichen Sie:

Lars använder **sin** bil.	Lars benützt sein (eigenes) Auto.
Eva använder **sin** bil.	Eva benützt ihr (eigenes) Auto.
Lars använder **hans** bil.	Lars benützt sein (z. B. Kalles) Auto.
Eva använder **hans** bil.	Eva benützt sein (z. B. Kalles) Auto.
Lars använder **hennes** bil.	Lars benützt ihr (z. B. Lenas) Auto.
Eva använder **hennes** bil.	Eva benützt ihr (z. B. Lenas) Auto.
Lars använder **deras** bil.	Lars benützt ihr (z. B. der Freunde) Auto.
Eva använder **deras** bil.	Eva benützt ihr (z. B. der Freunde) Auto.

Substantivierter Gebrauch

Ebenso wie die Adjektive (vgl. Seite 45) können auch die Possessivpronomen substantiviert gebraucht werden, sie haben dann die Bedeutung „Familienangehörige, Verwandte“. Sie kommen in der Grundform und im Genitiv vor. Im Genitiv wird nur *-s* an die Grundform angehängt.

de mina	die Meinen
de dina	die Deinen
de sina	die Seinen
de våra	die Unseren

Demonstrativpronomen (Hinweisende Fürwörter)

Die gebräuchlichsten Demonstrativpronomen sind *den här* und *den där*. *Den här* verwendet man für naheliegende Personen oder Dinge, *den där* für weiter entfernte Personen oder Dinge.

Utrum	Neutrum	Plural	
den här	det här	de här	diese, -r, -s
den där	det där	de där	jene, -r, -s

Diese Demonstrativpronomen können attributiv oder selbständig gebraucht werden. Wenn sie attributiv gebraucht werden, so stehen Adjektiv und Substantiv danach in der bestimmten Form:

den här ny**a** bok**en**	dieses neue Buch
det här gaml**a** hus**et**	dieses alte Haus
de här fin**a** böcker**na**/hus**en**	diese schönen Bücher/Häuser

Den här boken har jag läst,	Dieses Buch habe ich gelesen,
den där inte.	jenes nicht.
Det här bordet är nytt,	Dieser Tisch ist neu,
det där bordet är gammalt.	jener Tisch ist alt.
Jag vill inte ha **de här,**	Ich möchte nicht diese haben,
men **de där.**	sondern jene.

Weiterhin können die Formen des freistehenden bestimmten Artikels als Demonstrativpronomen verwendet werden. Sie sind immer betont, wie auch im Deutschen der Artikel bei demonstrativem Gebrauch.

	Utrum	Neutrum	Plural	
Subjekt	den	det	de	der, die, das
Objekt	den	det	de, dem	den, die, das

Den boken vill jag ha.	Das Buch will ich haben.
Det bordet tycker jag om,	Den Tisch mag ich, den werden wir
det ska vi köpa i morgon.	morgen kaufen.
Hur många lägenheter finns det	Wie viele Wohnungen gibt es in den
i **de** husen?	Häusern?

Die selbständige Objektform heißt *dem*. Vergleichen Sie:

I **de** husen finns sju lägenheter,	In den Häusern gibt es sieben Woh-
men hur många det finns i **dem**	nungen, aber wieviel es in denen gibt,
vet jag inte.	weiß ich nicht.

Mehr schriftsprachlich sind folgende Formen. Sie werden auch in einigen Dialekten bevorzugt gebraucht.

Utrum	Neutrum	Plural	
denna	detta	dessa	diese, -r, -s

Nach **denna** usw. steht das Adjektiv in der bestimmten Form, das Substantiv in der unbestimmten:

denna stora båt — dieses große Schiff
detta stora hus — dieses große Haus
dessa stora båtar/husen — diese großen Schiffe/Häuser

Denna fråga kan ingen besvara. — Diese Frage kann niemand beantworten.

Vad säger du om detta? — Was sagst du dazu?
Dessa människor har jag aldrig sett. — Diese Menschen habe ich nie gesehen.

Utrum	Neutrum	Plural	
sådan	sådant	sådana	solche, -r, -s

Sådan usw. können attributiv und selbständig gebraucht werden. Bei attributivem Gebrauch stehen sie im Singular mit dem unbestimmten Artikel und der unbestimmten Form des Adjektivs, im Plural ohne Artikel mit der Pluralform des Adjektivs. Umgangssprachlich verwendet man oft die Formen *sån, sånt, såna.*

Jag tar en sådan bakelse. — Ich nehme so ein Törtchen.
vid ett sådant tillfälle — bei einer solchen Gelegenheit
Hjortron är sådana gula bär. — Multebeeren sind solche gelben Beeren.

	Utrum	Neutrum	Plural	
attr.		samma		der-, die-, dasselbe
selbst.	densamma	detsamma	desamma	der, die, das gleiche

Samma gebraucht man nur attributiv. *Samma* steht immer ohne Artikel. Folgt ein Adjektiv, so steht es in der bestimmten Form. *Densamma* usw. gebraucht man nur selbständig.

Vi har samma väg. — Wir haben denselben Weg.
Vägen är densamma. — Der Weg ist derselbe.
Vi bor i samma hus. — Wir wohnen im selben Haus.
Huset är detsamma. — Das Haus ist dasselbe.

Tack detsamma!	Danke gleichfalls!
Vi hade samma svårigheter.	Wir hatten die gleichen Schwierigkeiten.
Svårigheterna är desamma.	Die Schwierigkeiten sind die gleichen.

Utrum	Neutrum	Plural	
dylik	dylikt	dylika	derartige, -r, -s

Dylik usw. kommt sowohl attributiv als auch selbständig vor. Man verwendet diese Wörter eher im gehobenen Stil.

på dylikt sätt	solchermaßen
dylika metoder	derartige Methoden
o. dyl. (= och dylikt)	u. ä. (und ähnliches)
e. dyl. (= eller dylikt)	o. ä. (oder ähnliches)

Relativpronomen (Bezügliche Fürwörter)

Am häufigsten verwendet man das unveränderliche Relativpronomen *som*. Wenn *som* nicht Subjekt des Satzes ist, kann es auch weggelassen werden.

boken **som** du gav mig boken du gav mig	das Buch, das du mir gegeben
huset **som** är målat grönt	das Haus, das grün angestrichen ist
äpplena **(som)** vi köpte i går	die Äpfel, die wir gestern gekauft haben

Vor *som* kann niemals eine Präposition stehen. Die Präposition wird an den Schluß des Satzes gestellt oder man benutzt statt *som* die flektierenden Relativpronomen *vilken* usw.

huset, **(som)** vi bor **i**	das Haus, in dem wir wohnen
huset, **i vilket** vi bor	(formeller Sprachgebrauch)

Vgl. engl.: the house (which) we live **in**
in which we live

Der Genitiv zu *som* heißt *vars* im Singular, im Plural *vars* oder *vilkas*. Die Genitivformen werden für beide Geschlechter verwendet. Sie kommen nur in der Schriftsprache vor.

	Singular	Plural
Grundform	som	som
Genitiv	vars	vars, vilkas

boken, vars författere jag träffade i går	das Buch, dessen Verfasser(in) ich gestern traf
huset, vars ägare jag känner	das Haus, dessen Eigentümer(in) ich kenne
barnen, { vars / vilkas } föräldrar var bortresta	die Kinder, deren Eltern verreist waren

In formellerer Sprache (Behördensprache usw.) und in Verbindung mit Präpositionen verwendet man flektierende Relativpronomen, die sich in Geschlecht und Zahl nach dem Bezugswort richten.

	Utrum	Neutrum	Plural
Grundform	vilken	vilket	vilka
Genitiv	vilkens	vilkets	vilkas

Förhör har hållits med vittnet Olsson, vilken uppger …	Verhört wurde der Zeuge Olsson, der angibt …

Die flektierenden Relativpronomen verwendet man auch dann, wenn Unklarheit über das Bezugswort entstehen könnte. Bezieht sich der Relativsatz auf einen ganzen Satz, so wird als Pronomen *vilket* verwendet.

Författeren till detta verk, **som** kommer att låta tala om sig …	Der Verfasser dieses Werks, der/das noch von sich reden machen wird …
Författeren till detta verk, **vilken** kommer …	Der Verfasser dieses Werkes, der …
Författeren till detta verk, **vilket** kommer …	Der Verfasser dieses Werks, das …
Jag tackade nej, **vilket** jag sedan fick ångra.	Ich lehnte ab, was ich später bereute.

Als Relativadverbien verwendet man unter anderem die folgenden Wörter:

där	wo	varmed	womit
dit	wohin	varifrån	woher
vari	worin		

brevet **vari** hon skrev att …	der Brief, in dem sie schrieb, daß …
brevet **varmed** de tackade för besöket	der Brief, mit dem sie für den Besuch dankten
landet **varifrån** jag kommer	das Land, aus dem ich komme

Beachten Sie, daß im Schwedischen vor den Relativadverbien kein Komma stehen muß.

Indefinitpronomen (Unbestimmte Fürwörter)

Indefinitpronomen bezeichnen eine unbestimmte Person oder Sache. Sie haben im allgemeinen keine bestimmten Formen und stehen mit der unbestimmten Form von Adjektiv und Substantiv.

Utrum	Neutrum	Plural	
någon	något någonting	några	(irgend)ein, -e, -er, -es etwas

In der Umgangssprache verwendet man häufig die Kurzformen *nån, nåt, nånting, nåra.*

Har **någon** ringt mig?	Hat mich jemand angerufen?
något mera	etwas mehr, noch etwas
för **några** dagar sedan	vor einigen Tagen
Jag behöver **några** småpengar. Har du **några?**	Ich brauche etwas Kleingeld. Hast du (irgend) welches?

Någonting verwendet man alleinstehend oder mit einem substantivierten Adjetkiv.

Har **någonting** hänt?	Ist irgend etwas passiert?
Någonting hemskt hände i dag.	Etwas Schreckliches ist heute passiert.

In der Bedeutung „eine, -r, -s davon/von beiden" verwendet man *någondera* und *någotdera, endera* und *ettdera.*

Ettdera måste vara fel.	Eins davon muß falsch sein.
Någondera gick hem.	Irgend jemand von ihnen ging nach Hause.

Utrum	Neutrum	Plural	
ingen	inget ingenting	inga	keine, -r, -s nichts

Ingen har sett mig.	Keiner hat mich gesehen.
Jag har **inget** hus.	Ich habe kein Haus.
Jag har **inga** småpengar.	Ich habe kein Kleingeld.
Ingenting nytt har hänt.	Es ist nichts Neues passiert.

Die Pronomen *ingen* usw. können in der Regel als Objekt nur in Hauptsätzen mit einfacher Zeit stehen. In Nebensätzen und bei zusammengesetzten Zeiten werden sie aufgelöst in *inte* (nicht) und die entsprechenden Formen von *någon* usw.

ingen:	inte … någon
inget:	inte … något
ingenting:	inte … någonting
inga:	inte … några

Ingen har sett mig.	Niemand (Subjekt) hat mich gesehen.
Jag tror, att **ingen** har sett mig.	Ich glaube, daß niemand mich gesehen hat. (Nebensatz)
De har **inget** hus.	Sie haben kein Haus (Objekt).
Jag vet, att de **inte** har **något** hus.	Ich weiß, daß sie kein Haus haben. (Nebensatz)
De har **inte** haft **något** hus.	Sie haben kein Haus gehabt. (zusammengesetzte Zeit)

Beachten Sie folgende Möglichkeiten:
Han har **inte** läst **några** av sina böcker.
kann heißen

1. Er hat keins seiner Bücher gelesen.
2. Er hat einige seiner Bücher nicht gelesen.

In der Bedeutung „keine, -r, -s davon/von beiden“ verwendet man *ingendera* und *ingetdera.*

ingendera delen	keins von beiden
Ingetdera har hänt.	Nichts davon ist passiert.

Das Indefinitpronomen *man* hat folgenden Formen:

Subjekt	man	man
Objekt	en	einem, einen
Genitiv	ens	eines

man har sagt mig	man hat mir gesagt
om fågeln ser **en**	wenn der Vogel einen sieht
Banken växlar **ens** pengar.	Die Bank wechselt einem (wörtl.: eines) Geld.

Ist *man* Subjekt im Satz, so verwendet man die rückbezüglichen Possessivformen *sin, sitt, sina* (vgl. Possessivpronomen Seite 54f.).

Man växlar **sina** pengar på banken.	Man wechselt sein Geld auf der Bank.

Formulierungen mit *man* sind häufig gleichbedeutend mit Passivkonstruktionen (Passiv siehe Seite 84f.).

Frimärken kan { **man** köpa / köpas } i kiosken.

Briefmarken kann man am Kiosk kaufen.
Briefmarken können am Kiosk gekauft werden.

Utrum	Neutrum	Plural	
var	vart	–	jede, -r, -s
varje	varje	–	jede, -r, -s
varenda	vartenda	–	jede, -r, -s einzelne

Mit Ausnahme von *var,* das sowohl alleinstehend als auch attributiv vorkommt, können diese Pronomen nur attributiv gebraucht werden.

var / varje } människa	jeder Mensch
vart / varje } barn	jedes Kind
Varenda natt vaknar jag.	Jede Nacht werde ich wach.

Wenn *var* allein steht, bedeutet es etwa „pro Person".

Vi åt ett äpple **var.**	Wir aßen jede(r) einen Apfel.

Dieselbe Bedeutung hat:

Vi åt **var sitt** äpple.	Wir aßen jeder seinen/jede ihren Apfel.

Entsprechend kann es statt nur *var* auch heißen *var sin* im Utrum und *var sina* im Plural.

Utrum	Neutrum	Plural	
var och en	vart och ett	–	jede, -r, -s einzelne

Steht nach *var och en, vart och ett* ein Substantiv oder ein Pronomen, so steht es im Plural.

var och en av er	jede(r) einzelne von euch
var och ett av husen	jedes einzelne Haus

Wenn *var och en* allein steht in der Bedeutung „jede(r) einzelne, jeder Mensch", kann auch ein Genitiv dazu gebildet werden.

Detta är vars och ens ensak.	Das ist Angelegenheit jedes/jeder einzelnen.

Utrum	Neutrum	Plural	
varannan	vartannat	varandra	jede, -r, -s zweite *pl* einander

Varandra kann nur alleinstehend gebraucht werden, die beiden anderen Formen attributiv oder alleinstehend. In der Umgangssprache hat *varandra* die Kurzform *varann.*

Varannan bil är för dyrt.	Jedes zweite Auto ist zu teuer.
Vartannat hus är en villa.	Jedes zweite Haus ist eine Villa.
De träffade **varandra** (varann) på gatan.	Sie trafen einander auf der Straße.

„Jede, -r, -s dritte, vierte" usw. bildet man mit *var(t)* + Ordnungszahl (vgl. Seite 67 ff.), z. B. *vart tredje, var fjärde.*

Utrum	Neutrum	Plural	
annan	annat	andra	andere, -r, -s

Annan, annat, andra kann sowohl attributiv als auch alleinstehend verwendet werden. Folgendes Adjektiv und Substantiv stehen in der unbestimmten Form.

Jag vill ha en **annan** bok.	Ich möchte ein anderes Buch haben.
Vi har inga **andra.**	Wir haben keine anderen.
Vill du ha något **annat?**	Möchtest du etwas anderes?

Beachten Sie auch folgende Ausdrücke:

den ene efter den andre	der eine nach dem andern
bland annat (bl. a.)	unter anderem (u. a.)

Interrogativpronomen (Fragende Fürwörter)

Interrogativpronomen leiten direkte oder indirekte Fragesätze ein. Alleinstehend verwendet man:

vem	wer (eine Person)
vad	was

Alleinstehend oder attributiv verwendet man:

Utrum	Neutrum	Plural	
vilken	vilket	vilka	welche, -r, -s

Nach *vilken* usw. stehen Adjektiv und Substantiv in der unbestimmten Form.

Vem knackar på dörren?	Wer klopft an die Tür?
Vad säger du?	Was sagst du?
Vilka har kommit?	Welche sind gekommen?
Vilken ny bok är bäst?	Welches neue Buch ist am besten?
Vilket hus har du köpt?	Welches Haus hast du gekauft?
Vilka böcker ska du köpa?	Welche Bücher wirst du kaufen?

Vad kann umgangssprachlich in Fragen mit *för nå(go)t* oder *för nå(go)nting* erweitert werden.

Vad äter du **för något?**	Was ißt du denn?
Vad gör du **för nånting?**	Was machst du denn?

Statt *vilken* usw. + Substantiv verwendet man in der Umgangssprache häufig *vad* + *för* + Substantiv, ähnlich wie dt. „was für ein".

Vad för yrke har du?	Was für einen Beruf hast du?
(= Vilket yrke har du?)	(= Welchen Beruf hast du?)

Durch eine Erweiterung mit *som helst* können die Fragepronomen und andere Fragewörter unbestimmte Bedeutung wie Indefinitpronomen bekommen, z. B.:

Vem ska göra det? –	Wer soll das machen?
Vem **som helst.**	Wer auch immer (= irgend jemand beliebiges).
Hur ska vi måla huset? –	Wie sollen wir das Haus anstreichen?
Hur **som helst.**	Wie auch immer (= irgendwie, beliebig).

Interrogativpronomen in indirekten Fragesätzen

Wenn ein Interrogativpronomen als Subjekt im indirekten Fragesatz steht, muß man *som* hinzusetzen. Wenn das Interrogativpronomen Objekt des indirekten Fragesatzes ist, steht kein *som.* (HS = Hauptsatz, NS = Nebensatz)

Subjekt

HS	Vem kommer? Wer kommt?
NS	Vi vet inte **vem som** kommer. Wir wissen nicht, wer kommt.
HS	Vilket barn bor här? Welches Kind wohnt hier?
NS	Vi vet inte **vilket** barn **som** bor här. Wir wissen nicht, welches Kind hier wohnt.

Objekt

HS	Vem träffade du i går? Wen hast du gestern getroffen?
NS	Vi vet inte **vem** du träffade i går. Wir wissen nicht, wen du gestern getroffen hast.
HS	Vilken bok har du köpt? Welches Buch hast du gekauft?
NS	Vi vet inte **vilken** bok du har köpt. Wir wissen nicht, welches Buch du gekauft hast.

Übersicht über bestimmte und unbestimmte Form von Adjektiv und Substantiv nach gewissen Wörtern oder Konstruktionen:

1. Unbestimmtes Adjektiv + unbestimmtes Substantiv

Ultrum	Neutrum	Plural
en ingen någon en annan en sådan vilken } fin bil	ett inget något ett annat ett sådant vilket } fint hus	två inga några andra sådana vilka många flera alla få } fina bilar / fina hus

2. Bestimmtes Adjektiv + bestimmtes Substantiv

Ultrum		Neutrum		Plural	
den+ den här den där	fina bilen	det+ det här det där	fina huset	de+ de här de där	fina bilarna fina husen

3. Bestimmtes Adjektiv + unbestimmtes Substantiv

Ultrum		Neutrum		Plural	
min hennes mannens Evas denna	fina bil	mitt hennes manens Evas detta	fina hus	mina hennes mannens Evas dessa	fina bilar fina hus

+ Aber bei Erweiterung durch Relativsatz unbestimmtes Substantiv: den fina bil som usw.

Die Numeralien (Zahlwörter)

	Grundzahlen	Ordnungszahlen
0	noll	
1	en, ett	första
2	två	andra
3	tre	tredje
4	fyra	fjärde
5	fem	femte
6	sex	sjätte
7	sju	sjunde
8	åtta	åttonde
9	nio	nionde
10	tio	tionde

	Grundzahlen	Ordnungszahlen
11	elva	elfte
12	tolv	tolfte
13	tretton	trettonde
14	fjorton	fjortonde
15	femton	femtonde
16	sexton	sextonde
17	sjutton	sjuttonde
18	arton, aderton	artonde, adertonde
19	nitton	nittonde
20	tjugo	tjugonde
21	tjugoen, -ett	tjugoförsta
22	tjugotvå	tjugoandra
	usw.	usw.
30	trettio	trettionde
40	fyrtio	fyrtionde
50	femtio	femtionde
60	sextio	sextionde
70	sjuttio	sjuttionde
80	åttio	åttionde
90	nittio	nittionde
100	(ett)hundra	(ett)hundrade
101	(ett)hundraen, -ett	(ett)hundraförsta
	usw.	usw.
1000	(ett)tusen	tusende
1001	(ett)tusenen, -ett	(ett)tusenförsta
	usw.	usw.
2000	tvåtusen	tvåtusende
	usw.	usw.

1.000.000	en miljon
2.000.000	två miljoner
1.000.000.000	en miljard
2.000.000.000	två miljarder
1.000.000.000.000	en biljon (en miljon miljoner)

Anmerkung zur Aussprache der Zahlwörter

Meist spricht man für *nio* und *tio* [ˇni:ə], [ˇti:ə] statt [ˇni:u], [ˇti:u]. Entsprechend sagt man *tjugo* [ˇçʉ:gə], *tjugotvå* [çʉ:ˈtvo:], *trettio* [ˈtrɛti]. Man findet auch schon die Schreibung *tretti, femti* usw.
Die Grundzahlen von 30 bis 90 haben Akzent 1, die entsprechenden Ordnungszahlen haben Akzent 2 (vgl. Seite 15 ff.).

Grundzahlen

Außer *en,* das die Neutrumform *ett* hat, flektieren die Grundzahlen nicht.

en buss	ein Bus
ett hus	ein Haus
Vi har tre barn.	Wir haben drei Kinder.
Jag skulle växla 300 DM.	Ich möchte 300 DM wechseln.
Varsågod, 1000 kronor.	Bitte sehr, 1000 Kronen.

Zu den Grundzahlen von 1 bis 12 einschließlich können auch Substantive gebildet werden. Diese Substantive sind Utrum-Wörter.

unbestimmt	bestimmt	Plural	
en etta	ettan	ettor	Eins
en tvåa	tvåan	tvåor	Zwei
en fyra	fyran	fyror	Vier
en tolva	tolvan	tolvor	Zwölf

Die substantivierten Zahlen

– stehen für die konkreten Ziffern:
Dina ettor ser ut som sjuor. — Deine Einer sehen wir Siebener aus.

– stehen als Bezeichnung für Geldscheine:

en femma	ein Fünfkronenschein
en tia	ein Zehnkronenschein
ABER	
en femtilapp	ein Fünfzigkronenschein
en hundralapp	ein Hundertkronenschein

– geben die Größe einer Wohnung an:

en etta	eine Einzimmerwohnung
en tvåa	eine Zweizimmerwohnung
en trea	eine Dreizimmerwohnung

– bezeichnen feste Numerierungen bei Verkehrsmitteln, Betrieben u. ä.:

Jag åker 5:an.	Ich fahre mit der (Linie) 5.
Han ligger på femman.	Er liegt auf Station 5.

Durch Zusammensetzung der Grundzahlen mit *-tal* bildet man Substantive mit der Bedeutung „etwa eine Anzahl von".

ett hundratal människor	ein Hundert Menschen
ett tusental studenter	etwa tausend Studenten/Studentinnen

Mit *-tal* wird auch die Bezeichnung der Jahrhunderte oder Jahrzehnte gebildet. Die Jahrhunderte erhalten im Schwedischen anders als in vielen anderen Sprachen ihren Namen nach den Hundertern, mit denen sie anfangen.

Vi lever på nittonhundratalet (1900-talet).	Wir leben im 20. Jahrhundert.
på sextiotalet	in den sechziger Jahren

Durch Zusammensetzungen mit *-tals* werden Substantive gebildet mit der Bedeutung „mehrfach die genannte Zahl".

hundratals människor	Hunderte von Menschen
tusentals studenter	Tausende von Studenten/ Studentinnen

Ordnungszahlen

Die Ordnungszahlen flektieren nicht. Nur *första* und *andra* können wie Adjektive (vgl. Seite 44) statt *-a* ein *-e* erhalten, wenn sie bei Wörtern stehen, die männliche Personen im Singular bezeichnen. Ordnungszahlen geben den Rang in einer Reihenfolge an. Sie können substantivisch und adjektivisch gebraucht werden.

Eva heter den första dottern, Lena den andra.	Eva heißt die erste Tochter, Lena die zweite.
Lars är den förste sonen, Bo den andre.	Lars ist der erste Sohn, Bo der zweite.
författerens fjärde bok	das vierte Buch des Verfassers/ der Verfasserin

Verwendung der Ordnungszahlen

1. Ordnungszahlen stehen (ohne Punkt!) bei Datumsangaben.

I dag är den 1 oktober 1984. (lies: den första oktober nittonhundraåttiofyra)	Heute ist der 1. Oktober 1984.
Det hände den 7 juli. (lies: den sjunde juli)	Es geschah am 7. Juli.

Datumsangaben stehen immer ohne Präposition.

Jag är född den 3 januari.	Ich bin am 3. Januar geboren.

2. Sie stehen bei Königen, Päpsten u. ä. zur Angabe der zeitlichen Folge.

Sveriges kung heter Carl XVI Gustaf. (lies: Carl den sextonde Gustaf)	Der König von Schweden heißt Carl XVI Gustaf.

3. Bei Zeitangaben geben sie die Geschehenshäufigkeit an.

var tionde minut	alle zehn Minuten (wörtl.: jede zehnte Minute)
vart tredje år	jedes dritte Jahr

(Zu varannan, vartannat vgl. Indefinitpronomen Seite 64.)

Zeitangaben, Brüche und anderes

klockan är — es ist

5.00	fem	fünf Uhr
5.05	fem över fem	fünf nach fünf
5.15	kvart över fem	viertel nach fünf
5.30	halv sex, fem och tretti	halb sechs, fünf Uhr dreißig
5.45	kvart i sex	viertel vor sechs
5.50	tio i sex	zehn vor sechs

Vor Zeitangaben steht keine Präposition.

Tåget går 18.40. (lies: arton och fyrtio)	Der Zug geht um 18.40 h.

Brüche (außer *en halv/ett halvt)* bildet man mit der Ordnungszahl, an die *-del* (Teil), *pl -delar,* angehängt wird.

1/2	en halv, ett halvt	ein halb
1/3	en tredjedel	ein Drittel
1/4	en fjärdedel	ein Viertel
2/5	två femtedelar	zwei Fünftel
3/6	tre sjättedelar	drei Sechstel

Wiederholungszahlen:

en gång	einmal	
två gånger	zweimal	
tre gånger	dreimal	usw.

Vervielfältigungszahlen:

enkel	einfach	
tvådubbel	doppelt	
tredubbel	dreifach	
fyrdubbel	vierfach	usw.

Die Funktion der deutschen Zahladverbien übernehmen die präpositionalen Ausdrücke:

för det första	erstens	
för det andra	zweitens	
för det tredje	drittens	usw.

Das Verb (Zeitwort)

Allgemeines

Starke und schwache Verben

Man teilt die Verben im Schwedischen ein in starke Verben und schwache Verben. Starke Verben (man könnte auch sagen unregelmäßige Verben) verändern in der Vergangenheit und im Partizip (Mittelwort) der Vergangenheit den Stammvokal (Stamm = Wort – Endung). Diese Erscheinung nennt man Ablaut.

	Infinitiv	Präteritum	Partizip Perfekt
schwedisch deutsch	spr**i**nga spr**i**ngen	spr**a**ng spr**a**ng	spr**u**ngit gespr**u**ngen

Schwache Verben (man könnte auch sagen regelmäßige Verben) haben in allen Formen denselben Stammvokal und bilden die Vergangenheit durch eine Endung.

schwedisch deutsch	resa reisen	res**te** reis**te**	res**t** gereis**t**

Finite und infinite Verbformen

Man unterscheidet zwei Gruppen von Verbformen.

1. Finite Formen; sie haben Personalendungen. Für alle Personen in Singular und Plural kennt das Schwedische nur eine Endung.
2. Infinite Formen; sie haben keine Personalendungen. Zu den infiniten Formen zählen
   - Infinitiv: måla malen
   - Partizip Präsens: målande malend
   - Partizip Perfekt: målad gemalt

Anmerkung:
Dem deutschen Begriff Partizip Perfekt entsprechen in der schwedischen Grammatik eigentlich zwei Begriffe: Die zur Zeitenbildung verwendete Form nennt man *supinum,* nur die adjektivischen Formen heißen *perfekt particip.* In Anlehnung an die deutsche Grammatik wird hier auf die Bezeichnung Supinum verzichtet. Die adjektivischen Formen des Partizips Perfekt werden auf Seite 87 f. eigens behandelt.

Einfache und zusammengesetzte Zeiten

Man unterscheidet einfache und zusammengesetzte Zeiten. Einfache Zeiten sind: Präsens (Gegenwart) und Präteritum (Vergangenheit). Ihre Bildung wird bei den einzelnen Konjugationen behandelt.
Zusammengesetzte Zeiten sind Perfekt (vollendete Gegenwart), Plusquamperfekt (vollendete Vergangenheit), Futur (Zukunft) und Konditional (Bedingungsform).

Die Bildung der zusammengesetzten Zeiten

Perfekt	har = Präsens von *ha(va)*		+ Partizip Perfekt
	jag, du, han, hon, det, vi, ni, de har målat ich habe gemalt, du hast gemalt usw.		
Plusquamperfekt	hade = Präteritum von *ha(va)*		+ Partizip Perfekt
	jag … hade målat ich hatte gemalt usw.		
Futur	ska(ll) = Präsens von *skola*	+ Infinitiv	
	jag … ska måla ich werde malen usw.		
Konditional I	skulle = Präteritum von *skola*	+ Infinitiv	
	jag … skulle måla ich würde malen usw.		
Konditional II	skulle = Präteritum von *skola*	+ ha Infinitiv ha(va)	+ Partizip Perfekt
	jag … skulle ha målat ich würde gemalt haben		

Die Konjugationen (Beugungen)

Es gibt vier Muster, Verben zu beugen. Diese verschiedenen Muster nennt man Konjugationen. Man unterscheidet drei schwache (1.–3.) und eine starke (4.) Konjugation.

1. Konjugation

In der ersten Konjugation ist Stamm = Infinitiv. An den Stamm hängt man im Präsens die Endung *-r,* im Präteritum die Endung *-de* und im Partizip Perfekt die Endung *-t.* In Wörterverzeichnissen ist diese Konjugation häufig durch die Flexionsangabe *-ade, -at* nach dem Infinitiv gekennzeichnet.

Beispielwort: **måla** malen, anstreichen
Stamm: **måla**

Präsens	jag, du, han, hon, det, vi, ni, de	målar	ich male du malst usw.
Präteritum	jag, du, han, hon, det, vi, ni, de	målade	ich malte du maltest usw.
Perfekt	jag, du, han, hon, det, vi, ni, de	har målat	ich habe gemalt du hast gemalt usw.

2. Konjugation

In der zweiten Konjugation ist der Stamm Infinitiv – *-a.* In dieser Konjugation unterscheidet man zwei Untergruppen nach der Endung im Präteritum.

a) An den Stamm hängt man im Präsens die Endung *-er,* im Präteritum die Endung *-de* und im Partizip Perfekt die Endung *-t.* In Wörterverzeichnissen sind diese Verben häufig durch die Flexionsangabe *-de, -t* nach dem Inifinitiv gekennzeichnet.

Beispielwort: **stänga** schließen
Stamm: **stäng-**

Präsens	jag stänger	ich schließe
Präteritum	jag stängde	ich schloß
Perfekt	jag har stängt	ich habe geschlossen

Einige Besonderheiten dieser Verben:

- wenn der Stamm auf Langvokal + *r* oder *l* endet, erhält das Verb im Präsens keine Endung:
  köra – kör fahren – fährt
  tåla – tål vertragen – verträgt
- wenn der Stamm auf *-nd* endet, geht das *-d* vor den Endungen im Präteritum und im Partizip Perfekt verloren:
  tända – tände – tänt anzünden – zündete an – angezündet
- wenn der Stamm auf Vokal + *d* endet, wird dieses *-d* vor der Endung des Partizip Perfekt zu *-t-:*
  råda – rådde – rått raten – riet – geraten

b) An den Stamm hängt man im Präsens die Endung *-er,* im Präteritum die Endung *-te* und im Partizip Perfekt die Endung *-t.* Zu dieser Gruppe gehören Verben, deren Stamm auf *-p, -t, -k* oder *-s* endet und einige, deren Stamm auf *-n* oder *-l* endet. In Wörterverzeichnissen sind diese Verben häufig durch die Flexionsangaben *-te, -t* nach dem Infinitiv gekennzeichnet.

Beispielwort: **köpa** kaufen
Stamm: **köp-**

Präsens	jag köper	ich kaufe
Präteritum	jag köpte	ich kaufte
Perfekt	jag har köpt	ich habe gekauft

Einige Besonderheiten dieser Verben:
- wenn der Stamm auf Konsonant + *t* endet, geht dieses *-t* im Präteritum und im Partizip Perfekt verloren:
  smälta – smälte – smält schmelzen – schmolz – geschmolzen
- Einige dieser Verben haben auch Formen nach der 1. Konjugation, z. B.
  spela–spelte/spelade–spelt/spelat spielen–spielte–gespielt
  Ebenso
  koka kochen
  låna leihen
  tala sprechen u. a.

3. Konjugation

In der dritten Konjugation ist der Stamm = Infinitiv. An den Stamm hängt man im Präsens die Endung *-r,* im Präteritum die Endung *-dde* und im Partizip Perfekt die Endung *-tt.* In Wörterverzeichnissen sind diese Verben häufig durch die Flexionsangaben *-dde, -tt* gekennzeichnet.

Beispielwort: **sy** nähen
Stamm: **sy-**

Präsens	jag syr	ich nähe
Präteritum	jag sydde	ich nähte
Perfekt	jag har sytt	ich habe genäht

4. Konjugation

In der vierten Konjugation ist der Stamm Infinitiv – *-a,* wenn der Infinitiv auf *-a* endet. Endet der Infinitiv auf einen anderen Vokal, so ist der Stamm = Infinitiv. Die erste Gruppe hat im Präsens die Endung *-er,* die zweite hat die Endung *-r*. Generelle Regeln zur Präteritumbildung oder zur Bildung des Partizips Perfekt können nicht gegeben werden. Die Formen müssen für jedes Verb gelernt werden.

Beispielwort: **skriva** schreiben
Stamm: **skriv-**

Präsens	jag skriver	ich schreibe
Präteritum	jag skrev	ich schrieb
Perfekt	jag har skrivit	ich habe geschrieben

Beispielwort: **gå** gehen
Stamm: **gå-**

Präsens	jag går	ich gehe
Präteritum	jag gick	ich ging
Perfekt	jag har gått	ich bin gegangen

Übersicht über häufige Stammveränderungen in der 4. Konjugation

Infinitiv	Präteritum	Partizip Perfekt	
[iː]	[eː]	[iː]	
skriva	skrev	skrivit	schreiben
[ʉː], [yː]	[øː]	[ʉː]	
supa frysa	söp frös	supit frusit	saufen frieren
[i]	[a]	[ɵ]	
dricka	drack	druckit	trinken
[ɑː]	[uː]	[ɑː]	
ta(ga)	tog	tagit	nehmen
[ɛː], [æː]	[ɑː]	[ʉː]	
stjäla bära	stal bar	stulit burit	stehlen tragen
[ɔ]	[ɔ]	[ɔ]	
komma	kom	kommit	kommen
[oː]	[i]	[ɔ]	
få	fick	fått	bekommen
[oː]	[ɛː]	[oː]	
låta	lät	låtit	lassen

Übersicht über die starken Verben

Infinitiv	Präsens	Präteritum	Partizip Perfekt	
be(dja)	ber	bad	bett	bitten
binda	binder	band	bundit	binden
bita	biter	bet	bitit	beißen
bjuda	bjuder	bjöd	bjudit	bieten
brinna	brinner	brann	brunnit	brennen
brista	brister	brast	brustit	fehlen, bersten
bryta	bryter	bröt	brutit	brechen
bära	bär	bar	burit	tragen
draga	dra(ge)r	drog	dragit	ziehen
dricka	dricker	drack	druckit	trinken
driva	driver	drev	drivit	treiben
dö	dör	dog	dött	sterben
falla	faller	föll	fallit	fallen
finna	finner	fann	funnit	finden
flyga	flyger	flög	flugit	fliegen
flyta	flyter	flöt	flutit	fließen
frysa	fryser	frös	frusit	frieren
försvinna	försvinner	försvann	försvunnit	verschwinden
giva	giver, ger	gav	givit	geben
gjuta	gjuter	göt	gjutit	gießen
glida	glider	gled	glidit	gleiten
gnida	gnider	gned	gnidit	reiben
gripa	griper	grep	gripit	greifen
gråta	gråter	grät	gråtit	weinen
gå	går	gick	gått	gehen
hugga	hugger	högg	huggit	hauen
hålla	håller	höll	hållit	halten
kliva	kliver	klev	klivit	gehen, steigen
klyva	klyver	klöv	kluvit	spalten
knipa	kniper	knep	knipit	klemmen, kneifen
knyta	knyter	knöt	knutit	knüpfen
komma	kommer	kom	kommit	kommen
le	ler	log	lett	lächeln
lida	lider	led	lidit	leiden
ligga	ligger	låg	legat	liegen
ljuda	ljuder	ljöd	ljudit	tönen, lauten
ljuga	ljuger	ljög	ljugit	lügen
låta	låter	lät	låtit	lassen
njuta	njuter	njöt	njutit	genießen
nysa	nyser	nös, nyste	nyst	niesen

Infinitiv	Präsens	Präteritum	Partizip Perfekt	
rida	rider	red	ridit	reiten
riva	river	rev	rivit	reißen, reiben
se	ser	såg	sett	sehen
sitta	sitter	satt	suttit	sitzen
sjunga	sjunger	sjöng	sjungit	singen
sjunka	sjunker	sjönk	sjunkit	sinken
skina	skiner	sken	skinit	scheinen
skjuta	skjuter	sköt	skjutit	schießen, schieben
skrika	skriker	skrek	skrikit	schreien
skriva	skriver	skrev	skrivit	schreiben
skära	skär	skar	skurit	schneiden
slita	sliter	slet	slitit	reißen
sluta	sluter	slöt	slutit	schließen
slå	slår	slog	slagit	schlagen
snyta	snyter	snöt	snutit	schneuzen
sova	sover	sov	sovit	schlafen
spinna	spinner	spann	spunnit	spinnen
spricka	spricker	sprack	spruckit	bersten, platzen
sprida	sprider	spred, spridde	spridit, spritt	verbreiten
springa	springer	sprang	sprungit	laufen
stiga	stiger	steg	stigit	steigen
stjäla	stjäl	stal	stulit	stehlen
strida	strider	stred	stridit	streiten
stryka	stryker	strök	strukit	plätten, streichen
stå	står	stod	stått	stehen
svida	svider	sved	svidit	brennen, schmerzen
ta(ga)	ta(ge)r	tog	tagit	nehmen
tiga	tiger	teg	tigit	schweigen
tvinga	tvingar	tvang, tvingade	tvungit, tvingat	zwingen
vika	viker	vek	vikit	weichen
vinna	vinner	vann	vunnit	gewinnen
vrida	vrider	vred	vridit	winden
växa	växer	växte	vuxit, växt	wachsen
äta	äter	åt	ätit	essen

Unregelmäßige Verben

Die unregelmäßigen Verben haben im allgemeinen verschiedene Vokale in Präsens und Präteritum, flektieren aber sonst wie die schwachen Verben (vgl. dt. bringen – brachte – gebracht).

Beispielwort: **göra** machen
Stamm: **gör-**

Präsens	jag gör	ich mache
Präteritum	jag gjorde	ich machte
Perfekt	jag har gjort	ich habe gemacht

Zu den adjektivischen Formen des Partizips Perfekt siehe Seite 87 f.

Übersicht über die unregelmäßigen Verben

Infinitiv	Präsens	Präteritum	Partizip Perfekt	
dölja	döljer	dolde	dolt	verbergen
glädja	gläd(j)er	gladde	glatt	freuen
göra	gör	gjorde	gjort	machen, tun
heta	heter	hette	hetat	heißen
lägga	lägger	lade	lagt	legen
skilja	skiljer	skilde	skilt	trennen
smörja	smörjer	smorde	smort	schmieren
spörja	spörjer	sporde	sport	fragen
stödja	stöd(j)er	stödde	stött	stützen
säga	säger	sa(de)	sagt	sagen
sälja	säljer	solde	solt	verkaufen
sätta	sätter	satte	satt	setzen
veta	vet	visste	vetat	wissen
välja	väljer	valde	valt	wählen
vänja	vänjer	vande	vant	gewöhnen

Pluralformen

In älteren Texten findet man gelegentlich noch Pluralformen der Verben. Im Präsens waren sie gleichlautend mit dem Infinitiv.

vi måla, stänga, köpa, sy, skriva, göra — wir malen, schließen, kaufen, nähen, schreiben, machen (heute **nur** målar usw.)

Präteritumformen gab es nur in der 4. Konjugation. Dazu wurde die Endung *-o* an den Stamm angehängt, der bei einigen Verben denselben

Vokal hatte wie das Präteritum, bei anderen denselben Vokal wie das Partizip.

vi sprungo, togo	wir sprangen, nahmen (heute **nur** sprang, tog usw.)

Hilfsverben und Modalverben

Hilfsverben stehen gemeinsam mit dem Infinitiv oder dem Partizip eines anderen Verbs. Hilfsverben sind die Verben, die zur Zeitenbildung verwendet werden, Modalverben modifizieren die Art und Weise des Geschehens, sie drücken eine subjektive Einstellung oder die Meinung der Sprechenden aus. Nach Hilfsverben und Modalverben steht nie das Infinitivkennzeichen *att.*

Übersicht über die Hilfsverben und Modalverben

Infinitiv	Präsens	Präteritum	Partizip Perfekt	
bli(va)	blir	blev	blivit	werden, bleiben
böra	bör	borde	bort	sollen, müssen
ha(va)	har	hade	haft	haben
kunna	kan	kunde	kunnat	können
–	lär	–	–	sollen
–	måste	måste	måst	müssen
–	må	måtte	–	mögen
skola	ska(ll)	skulle	skolat	sollen, werden
vara	är	var	varit	sein
vilja	vill	ville	velat	wollen
–	–	torde	–	sollen, können

bli(va) verwendet man zur Passivbildung (siehe Seite 84).

Jag blev kallad.	Ich wurde gerufen.

böra verwendet man zum Ausdruck der Zweckmäßigkeit, Möglichkeit, Annahme.

Du bör (borde) läsa den här boken.	Du sollst (solltest) dieses Buch lesen (es wäre zweckmäßig für dich).
Det bör vara hon som tar hand om saken.	Es wird wohl sie sein, die die Sache in die Hand nimmt (nehme ich an).
Det borde gå.	Es müßte gehen (es ist wohl möglich).

ha(va) verwendet man zur Zeitenbildung (siehe Seite 73).

Jag har läst boken. Jag hade läst boken.	Ich habe das Buch gelesen. Ich hatte das Buch gelesen.

kunna drückt die Möglichkeit aus, die Fähigkeit, etwas zu tun.

Jag kan simma.	Ich kann schwimmen (ich habe es gelernt).
Jag kunde inte komma.	Ich konnte nicht kommen (es kam etwas dazwischen).

lär drückt eine Annahme von Hörensagen aus.

Han lär vara mycket tråkig.	Er soll sehr langweilig sein (habe ich sagen hören).

måste drückt Pflicht oder Notwendigkeit aus, gelegentlich auch Wahrscheinlichkeit.

Ni måste absolut komma. Det måste vara Lena som kommer.	Ihr müßt unbedingt kommen. Es muß (wahrscheinlich) Lena sein, die kommt.

må drückt einen Wunsch oder mit Verneinung ein Verbot aus.

Kungen må leva. Må ej röras!	Es lebe der König. Berühren verboten! (wörtl.: Darf nicht berührt werden.)

skola verwendet man zur Bildung von Futur und Konditional (siehe Seite 73). Als Modalverb bedeutet *ska*

a) Pflicht

Jag ska tvätta idag.	Ich soll heute waschen (so ist es festgelegt).

b) dasselbe wie *lär*

Han ska vara mycket tråkig.	Er soll sehr langweilig sein (habe ich sagen hören).

c) Wahrscheinlichkeit

Det ska bli regn i morgon.	Morgen soll es (voraussichtlich) Regen geben.

få (4) bedeutet als Vollverb „bekommen", als Hilfsverb drückt es aus

a) eine Erlaubnis bzw. ein Verbot

Får man röka här? – Nej, det får man inte.	Darf man hier rauchen? – Nein, das darf man nicht.

b) eine Notwendigkeit oder einen Zwang

Jag fick betala 100 kronor.	Ich mußte 100 Kronen bezahlen.

c) den Beginn einer Wahrnehmung in den Ausdrücken (keine echte Modalbedeutung)

få höra	zu hören bekommen
få känna	zu spüren bekommen
få se	zu sehen bekommen, erblicken
få veta	zu wissen bekommen, erfahren

låta (4) bedeutet als Vollverb „lassen", als Hilfsverb drückt es aus

a) eine Erlaubnis

Jag låter dig läsa boken.	Ich lasse dich das Buch lesen (ich lasse es zu).

b) eine Veranlassung

Vi har låtit representera oss.	Wir ließen uns vertreten (haben es veranlaßt).

tänka (2b) bedeutet als Vollverb „denken", als Hilfsverb drückt es eine Absicht aus.

Jag tänker gå klockan fem.	Ich habe vor, um fünf Uhr zu gehen.

orka (1) bedeutet als Vollverb „vermögen, bewältigen" als Hilfsverb drückt es das Vermögen aufgrund physischer oder psychischer Kraft aus.

Jag orkar inte äta mera.	Ich kann nicht mehr essen (ich bin absolut satt).
Jag orkar inte säga det.	Ich schaffe es nicht, das zu sagen.

Der Imperativ (Befehlsform)

Der Imperativ ist immer gleich dem Stamm (vgl. Seite 74 f.).

		Infinitiv	Imperativ	
1. Konjugation		baka	baka!	back!
2. Konjugation	a)	stänga	stäng!	schließ!
	b)	läsa	läs!	lies!
3. Konjugation		sy	sy!	näh!
4. Konjugation		springa	spring!	lauf!
		gå	gå!	geh!
Unregelmäßige		göra	gör!	mach!

Tala högre!	Sprich lauter!
Gå fortare!	Geh schneller!
Gör det inte!	Tu es nicht!

Der Konjunktiv

Im heutigen Schwedisch ist der Konjunktiv nicht mehr sehr gebräuchlich. Konjunktiv Präsens kommt vor allem in der Rechtssprache und in festen Redewendungen vor. Bei Verbstämmen, die auf betonten Vokal enden, hat der Konjunktiv keine Endung, er ist formal identisch mit Imperativ und Infinitiv. Die anderen Verben fügen ein *-e* an den Stamm an.

Leve han!	Er lebe (hoch)!
Tillkomme ditt rike.	Dein Reich komme.
Gud ske lov!	Gott sei Dank!
Tro det den som vill.	Das glaube, wer will.

Im Präteritum kommen nur Konjunktivformen der starken Verben und der Hilfsverben vor. Sie haben als Endung *-e.* Der Konjunktiv Präteritum kommt in Wunsch- oder Bedingungssätzen vor.

Jag önskar att du toge en kappa med.	Ich wünschte, daß du einen Mantel mitnähmst.
Om jag vore rik, skulle jag resa till Paris.	Wenn ich reich wäre, würde ich nach Paris reisen.

!!! Der Konjunktiv steht nie in der indirekten Rede!

Das Passiv (Leideform)

Im Schwedischen gibt es ein einfaches und ein zusammengesetztes Passiv. Das einfache Passiv oder s-Passiv wird nach folgendem Schema durch Anhängen von *-s* an die Aktivformen der Verben gebildet.

	Präsens	Präteritum	Perfekt
1. Dörren	målas	målades	har målats
Die Tür Fönstret Das Fenster Dörrarna Die Türen	wird / werden } angestrichen	wurde(n) ~	ist / sind } ~ worden
2. a. Dörren	stäng(e)s	stängdes	har stängts
Die Tür Fönstret Das Fenster Dörrarna Die Türen	wird / werden } geschlossen	wurde(n) ~	ist / sind } ~ worden
b. Mjölken	köp(e)s	köptes	har köpts
Die Milch Brödet Das Brot Böckerna Die Bücher	wird / werden } gekauft	wurde(n) ~	ist / sind } ~ worden
3. Klänningen	sys	syddes	har sytts
Das Kleid Förklädet Die Schürze Klänningarna Die Kleider	wird / werden } genäht	wurde(n) ~	ist / sind } ~ worden
4. Boken	skriv(e)s	skrevs	har skrivits
Das Buch Brevet Der Brief Böckerna Die Bücher	wird / werden } geschrieben	wurde(n) ~	ist / sind } ~ worden

Entsprechend werden auch Plusquamperfekt und Futur gebildet.

Dörren skal målas.	Die Tür wird gemalt werden.
Boken hade skrivits.	Das Buch war geschrieben worden.
usw.	

Das zusammengesetzte Passiv wird mit den Formen von *bli(va)* (werden) oder *vara* (sein) + dem adjektivischen Partizip Perfekt gebildet. Das Passiv mit *bli* hebt die Handlung hervor (Vorgangspassiv), das Passiv mit *vara* hebt den Zustand oder das Ergebnis hervor (Zustandspassiv).

Vergleichen Sie:

Bilen blev stulen.	Das Auto wurde gestohlen.
Bilen var stulen.	Das Auto war gestohlen.

Zur Verwendung des s-Passivs

a) Das s-Passiv wird verwendet als echtes Passiv, wenn unbekannt oder unwesentlich ist, wer die Handlung ausführt.

Det påstås att …	Es wird behauptet, daß …

Das schwedische Passiv entspricht häufig aktivischen Sätzen mit *man* im Deutschen.

Hörs trafiken mycket här på natten?	Hört man den Verkehr hier nachts sehr?

Der Urheber eine Handlung im Passiv wird durch *av* angegeben.

Det mesta av hemarbetet görs fortfarande av kvinnor.	Die meiste Hausarbeit wird immer noch von Frauen erledigt.

b) Das s-Passiv kann reziproke (rückbezügliche) Bedeutung haben.

Det var trevligt att träffas.	Es war nett, sich (= einander) zu treffen.
Vi ska ses.	Wir sehen uns (= einander) wieder.

c) Einige Verben sind sogenannte Deponenzien, d.h. sie haben passivische Form, aber aktivische Bedeutung. Diese Verben kann man nicht ins Passiv setzen, man muß dann andere Verben verwenden. Deponentien flektieren wie aktive Verben im s-Passiv. Einige Beispiele:

andas	atmen	låtsas	tun als ob
finnas	existieren, sich finden	minnas	sich erinnern
hoppas	hoffen	trivas	sich wohlfühlen
lyckas	gelingen	åldras	alt werden, altern

Finns det någon brevlåda här i närheten?	Gibt es hier in der Nähe einen Briefkasten?
Jag hoppas bara att det hjälper.	Ich hoffe nur, daß es hilft.
När man inandas …	Wenn man einatmet, …

Infinite Verbformen

Der Infinitiv

Mit wenigen Ausnahmen endet der Infinitiv (Grundform; Form, unter der das Verb im Wörterbuch steht) aller Verben auf *-a: måla* (malen), *läsa* (lesen), *sjunga* (singen). Vor den alleinstehenden Infinitiv setzt man das Infinitivkennzeichen *att: att måla, att läsa* usw.

Das Partizip Präsens (Mittelwort der Gegenwart)

Das Partizip Präsens wird gebildet

a) durch Anhängen von *-ende* an den Stamm, wenn der Stamm auf betonten Vokal endet (3. Konjugation und gewisse Verben der 4. Konjugation);

Infinitiv	Stamm	Partizip	
gå (4)	gå	gående	gehend
tro (3)	tro	troende	glaubend

b) durch Anhängen von *-ande* an alle anderen Stämme, unbetontes *-a* als Stammauslaut der 1. Konjugation fällt allerdings aus.

Infinitiv	Stamm	Partizip	
leka (2b)	lek-	lekande	spielend
tala (1)	tala	talande	sprechend

Außer in einigen festen Ausdrücken (z.B. *vara till finnandes* – zu finden sein) ist das Partizip Präsens immer aktivisch und wird adjektivisch, substantivisch und als Adverb gebraucht.

a) Adjektivischer Gebrauch
Als Adjektiv gebraucht ist das Partizip unveränderlich. Es kann mit *mer(a)* und *mest* gesteigert werden (vgl. Seite 46).

Filmen är tröttande.	Der Film ist ermüdend.
ett motsvarande belopp	ein entsprechender Betrag
lekande barn	spielende Kinder

b) Substantivischer Gebrauch
Als Substantiv gebraucht können Partizipien nach der 4. oder 5. Deklination flektieren. Nach der 4. Deklination flektieren solche mit abstrakter Bedeutung.

en studerande (5)	ein(e) Studierende(r)
ett öppnande (4)	eine Eröffnung

c) Gebrauch als Adverb
Als Adverb ist das Partizip unveränderlich.

Han såg bedjande på henne.	Er sah sie bittend an.
Hon spelar strålande.	Sie spielt glänzend.
Resultatet är förbluffande bra.	Das Resultat ist verblüffend gut.

Beachten Sie die Verwendung des Partizips in Verbindung mit den Verben *komma* (kommen), *gå* (gehen) und *bli* (bleiben).

De går sjungande.	Sie gehen singend.
Hon kommer springande.	Sie kommt gelaufen (wörtl.: Sie kommt laufend).
Hon blev sittande.	Sie blieb sitzen (wörtl.: Sie blieb sitzend).

Das Partizip Perfekt (Mittelwort der Vergangenheit)

Um das Partizip Perfekt zu bilden, hängt man die Endung *-d* oder *-t* an den Stamm der schwachen Verben, deren Stamm auf unbetontes *-a* oder Konsonant endet (1. und 2. Konjugation). Dabei haben Verben, die im Präteritum *-de* haben, die Endung *-d;* die Verben, die *-te* haben, bekommen die Endung *-t.* Bei Verben, deren Stamm auf betonten Vokal endet (3. Konjugation), hängt man die Endung *-dd* an. Bei den starken Verben (4. Konjugation) hängt man die Endung *-en* an den Stamm, dabei sind Vokalveränderungen möglich (siehe Übersicht über häufige Stammveränderungen Seite 76). Die unregelmäßigen Verben haben *-d* (außer *heta* und *veta,* die *-ad* haben).
Die so gebildeten Formen sind die Utrum-Formen des adjektivischen Partizips Perfekt.

Übersicht über die Formen des Partizip Perfekt

	Utrum	Neutrum	Plural = bestimmte Form	
1	målad	målat	målade	gemalt, -e, -er, -es
2a	stängd	stängt	stängda	geschlossen, -e, -er, -es
2b	köpt	köpt	köpta	gekauft, -e, -er, -es
3	sydd	sytt	sydda	genäht, -e, -er, -es
4	skriven	skrivet	skrivna	geschrieben, -e, -er, -es
un-regel-mäßig	gjord	gjort	gjorda	gemacht, -e, -er, -es
	vetad	vetat	vetade	gewußt, -e, -er, -es

Beachten Sie, daß außer in der 4. Konjugation die Neutrum-Form zur Bildung des Perfekts (vgl. Seite 74 f.) gebraucht wird.

Stolen är målad.	Der Stuhl ist gestrichen.
Huset är målat.	Das Haus ist gestrichen.
Stolarna/husen är målade.	Die Stühle/Häuser sind gestrichen.

ABER

Jag har målat stolen/huset/ stolarna/husen.	Ich habe den Stuhl/das Haus/die Stühle/ die Häuser gestrichen.

Dörren är stängd.	Die Tür ist geschlossen.
Fönstret är stängt.	Das Fenster ist geschlossen.
Dörrarna Fönstren } är stängda.	Die { Türen Fenster } sind geschlossen.

ABER

Jag har stängt dörren/ fönstret/dörrarna/ fönstren.	Ich habe die Tür/das Fenster/die Türen/ die Fenster geschlossen.

Bilen är köpt.	Das Auto ist gekauft.
Huset är köpt.	Das Haus ist gekauft.
Bilarna Husen } är köpta.	Die { Autos Häuser } sind gekauft.

ABER

Jag har köpt bilen/huset/ bilarna/husen.	Ich habe das Auto/das Haus/die Autos/ die Häuser gekauft.

Klänningen är sydd.	Das Kleid ist genäht.
Förklädet är sytt.	Die Schürze ist genäht.
Klänningarna Förklädena } är sydda.	Die { Kleider Schürzen } sind genäht.

ABER

Jag har sytt klänningen/ förklädet/klänningarna/ förklädena.	Ich habe das Kleid/die Schürze/die Kleider/ die Schürzen genäht.

Boken är skriven.	Das Buch ist geschrieben.
Brevet är skrivet.	Der Brief ist geschrieben.
Böckerna Breven } är skrivna.	Die { Bücher Briefe } sind geschrieben.

ABER

Jag har skrivit boken/ brevet/böckerna/breven.	Ich habe das Buch/den Brief/die Bücher/ die Briefe geschrieben.
Läxan är gjord.	Die Aufgabe ist gemacht.
Arbetet är gjort.	Die Arbeit ist gemacht.
Läxorna / Arbeten } är gjorda.	Die { Aufgaben / Arbeiten } sind gemacht.

ABER

Jag har gjort läxan/ arbetet/läxorna/arbeten.	Ich habe die Aufgabe/die Arbeit/die Aufgaben/die Arbeiten gemacht.

Auch wenn das Partizip als Apposition nachgestellt wird, stimmt es in Geschlecht und Zahl mit dem Bezugswort überein.

På gatan vimlade det av människor, klädda i färgstarka folkdräkter.	Auf der Straße wimmelte es von Menschen, gekleidet in farbenfrohe Trachten.

Anmerkung:
Die bestimmte Form des Partizips steht wie das schwache Adjektiv (vgl. Seite 44) bei der bestimmten Form des Substantivs, also:

en målad stol	ein gestrichener Stuhl
den målade stolen	der gestrichene Stuhl
usw.	

Die Verwendung von Präteritum und Perfekt

Zeitangaben in der Vergangenheit stehen im Schwedischen im allgemeinen im Präteritum.

Vi promenerade i minst sex timmar.	Wir gingen mindestens sechs Stunden lang spazieren.

Im Deutschen können wir das schwedische Präteritum besonders in der Umgangssprache häufig mit dem Perfekt wiedergeben.

Det smakade verkligen bra.	Es hat wirklich gut geschmeckt.
Vi satte oss och beundrade utsikten.	Wir setzten uns und bewunderten die Aussicht. Wir haben uns gesetzt und die Aussicht bewundert.
Jag såg dig på gatan i går.	Ich habe dich gestern auf der Straße gesehen.

Das Präteritum steht weiterhin in spontanen Äußerungen, die im Deutschen immer mit dem Präsens stehen.

Det var synd.	Das ist schade.
Det var tråkigt.	Das ist langweilig.
Det var gott.	Das ist gut.
Det smakade verkligen bra.	Das schmeckt wirklich gut. (vgl. oben)

Das Perfekt gebraucht man, wenn die in der Vergangenheit begonnene Handlung oder ein Zustand, der in der Vergangenheit angefangen hat, in der Gegenwart andauert (ähnlich wie das *present perfect* im Englischen). Im Deutschen kann man häufig mit „schon" und Präsens übersetzen.

Jag har bott här länge.	Ich wohne schon lange hier.
Hur länge har du läst svenska?	Wie lange studierst du (schon) Schwedisch?

Vergleichen Sie:

Jag bodde här i tre år (för många år sedan).	Ich wohnte drei Jahre hier (vor vielen Jahren).
Jag har bott här i tre år.	Ich wohne (schon) drei Jahre hier.

Reflexive (Rückbezügliche) **Verben**

Reflexive Verben sind solche Verben, bei denen dieselbe Person Subjekt und Objekt ist. Sie werden mit den Objektformen der Personalpronomen (vgl. Seite 51 f.) verbunden, dabei kann in der 3. Person nur *sig* stehen.

Vi förlovade oss förra året.	Wir verlobten uns letztes Jahr.
De giftade sig i går.	Sie heirateten gestern.
Man kan lära sig svenska på folkhögskolan.	Man kann Schwedisch bei der Volkshochschule lernen.

Vergleichen Sie:

Hon tvättade sig.	Sie wusch sich.
Hon tvättade henne.	Sie wusch sie (z. B. die Tochter).

Zusammengesetzte Verben

Man unterscheidet zwischen trennbaren und nicht trennbaren Zusammensetzungen.

a) Nicht trennbare Zusammensetzungen werden mit folgenden Präfixen (Vorsilben) gebildet: *an-, be-, er-, för-, här-, miss-, sam-, um-, und-, van-, å-; z. B.:*

betala	bezahlen	missförstå	mißverstehen
erhålla	erhalten	samarbeta	zusammenarbeiten.

Kan vi få betala?	Können wir zahlen?
Du har missförstått mig.	Du hast mich mißverstanden.
Vi samarbetar en hel del.	Wir arbeiten ziemlich viel zusammen.

b) Andere Verben haben trennbare Verbzusätze, d. h. im Partizip Präsens und im Partizip Perfekt sind diese Zusätze wie Präfixe mit dem Verb fest verbunden, in den übrigen Formen des Verbs stehen sie von ihm getrennt danach. Wenn sie getrennt nachstehen, erhalten sie die Satzbetonung.

Jag tycker 'om kräftor.	Ich mag Krebse.
Kräftor är mycket omtyckta i Sverige.	Krebse sind in Schweden sehr beliebt.
stiga på 'tåget (Präposition)	in den Zug steigen
stiga 'på (Verbzusatz)	einsteigen
Nypåstigna?	Jemand neu zugestiegen?
inte komma 'fram (på telefon)	keine Verbindung bekommen
Ska jag slå 'in det som present?	Soll ich es als Geschenk verpacken?
Så vackert inslagit!	Wie hübsch eingepackt!

c) Manche Verben sind bisweilen fest, bisweilen trennbar mit dem Verbzusatz verbunden. Dabei hat die trennbare Zusammensetzung manchmal eine konkrete, die nicht trennbare eine übertragene Bedeutung.

Hon bröt av en kvist.	Sie brach einen Zweig ab.
Hon avbröt samtalet.	Sie brach das Gespräch ab.

d) Manche Verben haben unterschiedliche Bedeutung, je nachdem, ob der Verbzusatz trennbar oder nicht trennbar ist.

Hon avgick med pension.	Sie trat in den Ruhestand.
Bordsbenet gick av.	Das Tischbein ging ab.
Hon gick förbi fönstret.	Sie ging am Fenster vorbei.
De förbigick henne.	Sie übergingen sie.

Vgl. dt. wir setzen über – wir übersetzen

Transitive und intransitive Verben

Transitive Verben sind solche Verben, die ein Objekt nach sich haben, intransitive Verben haben kein Objekt. Verben können sein

a) nur transitiv, z. B. *köpa;*

Jag köper en bok.	Ich kaufe ein Buch.

b) nur intransitiv, z. B. *vakna;*

Jag vaknade klockan sju.	Ich erwachte um 7 Uhr.

c) transitiv oder intransitiv, z. B. *sluta.*

Jag slutar.	Ich höre auf, ich schließe.
Jag slutar ögonen.	Ich schließe die Augen.

Es gibt – ähnlich wie im Deutschen – zahlreiche Verbpaare mit verwandtem oder sogar gleichem Stamm, bei denen das eine Verb transitiv, das andere intransitiv ist, wie folgende Beispiele zeigen:

transitiv	intransitiv	
fälla	falla	fällen – fallen
döda	dö	töten – sterben
lägga	ligga	legen – liegen
släcka	slockna	löschen – verlöschen
ställa	stå	stellen – stehen
sänka	sjunka	(ver)senken – sinken
sätta	sitta	setzen – sitzen

Präpositionen (Verhältniswörter)

Präpositionen sind unveränderliche Wörter, die meist vor einem Substantiv oder einem Pronomen in Objektform stehen. Nur wenige umrahmen ein Substantiv oder Pronomen im Genitiv. Präpositionen sind in der Regel im Satz unbetont (vgl. aber zusammengesetzte Verben b) Seite 91). Man unterscheidet die Präpositionen nach ihrer äußeren Form:

a) einfache Präpositionen:

av	von, aus	
på	auf	u.a.

Hon läser på universitetet.	Sie studiert an der Universität.
Det beror på vädret.	Es hängt vom Wetter ab.
Kom före klockan 5!	Komm vor 5 Uhr!
Bordet är av trä.	Der Tisch ist aus Holz.

b) zusammengesetzte Präpositionen:

framför	vor	ovanpå	obenauf
innanför	innerhalb	omkring	um ... herum
utanför	außerhalb	bredvid	neben
ovanför	oberhalb	bortifrån	weg von
nedanför	unterhalb		

De stod framför huset.	Sie standen vor dem Haus.
De stod omkring huset.	Sie standen um das Haus herum.

c) mehrwortige Präpositionen:

för ... sedan	seit
för ... skull*	um ... willen, wegen
i stället för	statt
med anledning av	anläßlich
på grund av	aufgrund
till följd av	infolge
vid sidan av	außer
i fråga om	betreffs
med hänsyn till	hinsichtlich
med undantag av	mit Ausnahme von
från och med	seit einschließlich
till och med	bis einschließlich

Hon gick i stället för mig.	Sie ging statt meiner.
med anledningen av dagen	anläßlich des Tages
för tre år sedan	vor drei Jahren
för Evas skull*	wegen Eva, für Eva
vid sidan av huset	neben dem Haus

* Dazwischen steht das Substantiv oder Pronomen im Genitiv.

d) Formen aus anderen Wortklassen, die als Präpositionen gebraucht werden:

angående	betreffend	enligt	gemäß
beträffande	betreffend	jämte	nebst
oavsett	ungeachtet	medelst	mittels

enligt min åsikt	meiner Ansicht nach
angående brevet från ...	den Brief von/vom ... betreffend

Ihrer Bedeutung gemäß kann man die Präpositionen in vier grobe Bedeutungsgruppen einteilen. Viele Präpositionen haben unterschiedliche Bedeutungen, je nachdem, in welchem Kontext sie gebraucht werden. Dieselbe Präposition kann dann sowohl räumliche als auch zeitliche als auch ursächliche Beziehungen angeben.

Oft bestimmt das vorausgehende Verb oder Adjektiv, welche Präposition verwendet werden muß. Deshalb ist es am sinnvollsten, die Präpositionen, mit denen sich Verben und Adjektive verbinden lassen, immer mitzulernen, z.B. interessera sig *för* något (sich für etwas interessieren), aber vara interesserad *av* något (an etwas interessiert sein).
Der richtige Gebrauch der Präpositionen ist wie im Deutschen auch häufig eine Frage von Nuancen. Vergleichen Sie:

Jag läser på / vid universitetet.	Ich studiere auf / an der Universität.

Ort, Raum, Richtung

bakom	hinter	mellan	zwischen
bland	zwischen, unter	mot	gegen
efter	hinter ... her	om	an
framför	vor	omkring	um ... herum
från	von, aus	på	auf, an
före	vor ... her	till	nach, zu
genom	durch	under	unter
hos	bei	utom	außerhalb
i	in	vid	bei, an
inom	innerhalb, in	åt	in Richtung auf
längs	entlang	över	über

Jag ska åka till Stockholm.	Ich werde nach Stockholm fahren.
Jag kommer från Uppsala.	Ich komme aus Uppsala.
mellan dig och mig	zwischen dir und mir
Bland gästerna var ...	Unter den Gästen war ...
utom synhåll	außer Sichtweite
Vi gick åt skogen.	Wir gingen auf den Wald zu.

Zeit

efter	nach	mot	gegen
från	von	om	nach Ablauf von
före	vor	på	an, während
i	während, an	sedan	seit
innan	bevor	till	bis
inom	binnen	under	während
mellan	zwischen	vid	um

Efter en stund gick hon.	Nach einer Weile ging sie.
från vår till sommar	von Frühjahr bis Sommer

Jag reser om en vecka.	Ich reise in einer Woche.
under 1800-talet	während des 19. Jahrhunderts
i julas	letzte Weihnachten
i jul	diese Weihnachten
i söndags	letzten Sonntag
på söndagarna	sonntags
i söndag	kommenden Sonntag

På und *i* verwendet man zur Angabe einer Zeitdauer, dabei verwendet man *på*, wenn der Satz *inte* enthält.

Jag har bott här i två år.	Ich wohne seit zwei Jahren hier.
Jag har inte sett dig på två år.	Ich habe dich zwei Jahre nicht gesehen.

Art und Weise, Mittel, Material

av	aus	med	mit
efter	nach	på	auf
enligt	gemäß	under	unter
för	für	utan	ohne
genom	durch	vid	bei
i	in		

Det består av två delar.	Es besteht aus zwei Teilen.
Det är gjort för hand.	Es ist von Hand gemacht.
genom telegram	per Telegramm
betala med check	mit Scheck zahlen
kaffe utan socker	Kaffee ohne Zucker
Jag fundera över att köpa något i glas.	Ich denke darüber nach, etwas in Glas zu kaufen.
på svenska	auf schwedisch

Ursache, Zweck

av	aus, von	på	auf, zu
efter	nach	till	zu, auf
för	um, zu	över	über
om	um		

Han skakade av rädsla.	Er zitterte vor Furcht.
av erfarenhet	aus Erfahrung
Jag blev glad över boken.	Ich freute mich über das Buch.
spela om pengar	um Geld spielen
Vi blev bjudna på fest.	Wir wurden zum Fest eingeladen.

Bisweilen drückt eine Konstruktion mit Präposition auch ein Genitivverhältnis aus. Auch im Deutschen können wir zwischen „Evas Auto“ und „das Auto von Eva“ wählen. Im Schwedischen werden zu diesem Zweck gewöhnlich die Präpositionen *för, i, på, till, vid* und *över* gebraucht, es entsprechen sich bedeutungsmäßig *husets tak* (das Dach des Hauses) und *taket på huset* (das Dach auf dem Haus). Weitere Beispiele:

en god vän till mig	ein(e) gute(r) Freund(in) von mir
en karta över Sverige	eine Karte von Schweden
målet för vår resa	das Ziel unserer Reise

!!! Beachten Sie, daß nur in ganz wenigen Fällen die Präposition *av* (von) verwendet werden kann, z. B.

drottningen av Danmark	die Königin von Dänemark

Zur Stellung der Präposition im Relativsatz mit *som* vergleiche Seite 59.

Anmerkung zur Aussprache: Wenn nach einer Präposition die Objektform eines Personalpronomens folgt, so wird im allgemeinen die Präposition betont. Das Pronomen ist nur betont, wenn es besonders hervorgehoben werden soll.

Jag har inga pengar ’på mig.	Ich habe kein Geld bei mir.
Jag skrev till ’dig.	’Dir habe ich geschrieben.

Konjunktionen (Bindewörter)

Man unterscheidet zwei Gruppen von Konjunktionen:

– unterordnende (subordinierende) Konjunktionen,
– nebenordnende (koordinierende) Konjunktionen.

Unterordnende Konjunktionen

Die unterordnenden Konjunktionen leiten Nebensätze ein. Im Schwedischen haben die Nebensätze dieselbe Wortfolge wie Hauptsätze, während im Deutschen das finite Verb ans Ende des Nebensatzes gestellt wird.

			Jag	har	mycket	tid.	
			Ich	habe	viel	Zeit.	
Jag	vet,	att	jag	har	mycket	tid.	
Ich	weiß,	daß	ich		viel	Zeit	habe.

Der Nebensatz kann vor oder nach dem Hauptsatz stehen. Steht der Nebensatz vor, so verändert sich die Stellung von Subjekt und Prädikat (vgl. Satzglieder, Seite 106) im Hauptsatz genau wie im Deutschen.

Vi	**bodde**	på	landet,	då	jag var	liten.	
Wir	wohnten	auf	dem Land,	als	ich	klein	war.

Då	jag var	liten,		**bodde**	**vi**	på	landet.
Als	ich	klein	war,	wohnten	wir	auf	dem Land.

Ihrer äußeren Form nach kann man die unterordnenden Konjunktionen in drei Gruppen einteilen:

a) Einfache Konjunktionen:

att	daß	än	als
som	wie	innan	bevor
om	ob	medan	während
då	als	sedan	seit(dem)
när	wenn	fast	obwohl

Viele dieser Wörter können auch eine andere Funktion haben, z. B. als Präposition, Infinitivkennzeichen u. a.

Jag har hört **att** brödet här är bakat på sirap.	Ich habe gehört, daß das Brot hier mit Sirup gebacken wird.
Att göra upp eld är tillåtet **om** det inte föreligger fara för brand.	Feuer zu machen ist erlaubt, wenn keine Brandgefahr vorliegt.
När bilen kom, var vi ute.	Als das Auto kam, waren wir draußen.

b) Zusammengesetzte Konjunktionen:

ehuru	inwiefern	huruvida	inwieweit
emedan	während	såvida	soweit

Sie gehören vor allem dem Kanzleistil an; die folgenden sind auch in der gesprochenen Sprache gebräuchlich:

förrän	bevor	eftersom	nachdem

Der är fråga om **huruvida** han kan åta sig uppdraget.	Es ist die Frage, inwieweit er sich des Auftrages annehmen kann.
Eftersom du inte vill lyda råd, får du göra som du vill.	Nachdem du keinen Rat annehmen willst, kannst du machen, wie du willst.

c) Mehrwortige Konjunktionen, die meist mit *att* oder *som* verbunden vorkommen:

för att	um zu
så att	so daß

så … att	so … daß
på grund av att	dadurch, daß
utan att	ohne daß
trots att	obgleich

Sie sind im allgemeinen aus der Bedeutung ihrer Teile zu verstehen.

Många olyckor har hänt **till följd av att** folk kör för fort.	Viele Unfälle sind geschehen, weil (wörtl.: als Folge davon, daß) die Leute zu schnell fahren.
Hon gick **utan att** vi kunde göra något.	Sie ging, ohne daß wir etwas tun konnten.

Nebenordnende Konjunktionen

Nebenordnende Konjunktionen verbinden Wörter, Wortgruppen, Nebensätze oder Hauptsätze miteinander.

Eva **och** Lena går på bio.	Eva und Lena gehen ins Kino.
Vi är försenade, **men** vi hinner nog ändå.	Wir sind verspätet, aber wir schaffen es wohl doch.

Ihrer Form nach kann man sie in zwei Gruppen einteilen:

a) Einfache Konjunktionen:

och	und	fast	doch
samt	samt	utan	sondern
eller	oder	ty	denn
men	aber	för	denn

Einige dieser Wörter können auch andere Funktion haben, z. B. als Adverb oder Präposition.

Vill du ha en tusenlapp **eller** hundralappar?	Willst du einen Tausender oder Hunderter haben?
Jag får nog gå på banken, **för** mina svenska pengar har tagit slut.	Ich muß wohl zur Bank gehen, denn mein schwedisches Geld ist alle.

b) „Doppelte“ Konjunktionen, d. h. solche, die aus zwei oder mehreren getrennt stehenden Wörtern bestehen:

både … och	sowohl … als auch
vare sig … eller	sei es … oder
inte bara … utan också	nicht nur …, sondern auch
såväl … som	sowohl … als auch
visserligen … men	zwar …, aber

Visserligen finns det billigare träskor, **men** de kan inte jämföras i kvalitet.
Zwar gibt es billigere Holzschuhe, aber die sind in der Qualität nicht zu vergleichen.

Jag vill absolut se **inte bara** Wasaskeppet och Skansen, **men också** Moderna Museet.
Ich möchte nicht nur das Wasaschiff und Skansen, sondern auch Moderna Museet unbedingt sehen.

Übersicht über die gebräuchlichsten Konjunktionen nach ihrer Bedeutung

Nebenordnend		Unterordnend	
anreihend (kopulativ)			
och	und		
samt	und		
som	wie		
ock(så)	desgleichen		
även	auch		
därtill	daneben		
dessutom	außerdem, ferner		
dels ... dels	teils ... teils		
än ... än	bald ... bald		
både ... och	sowohl ... als auch		
såväl ... som	sowohl ... als auch		
inte bara ... utan också	nicht nur ..., sondern auch		
ausschließend (disjunktiv)			
eller	oder		
antingen ... eller	entweder ... oder		
varken ... eller	weder ... noch		
vare sig ... eller	ob ... oder		
allgemein einleitend			
		att	daß
indirekte Fragesätze einleitend			
		om	ob[1]

1) Indirekte Fragesätze können auch durch Fragepronomen (vgl. Seite 65 f.) oder Frageadverbien eingeleitet werden, z. B. durch vem, varför usw.

Nebenordnend		Unterordnend	
entgegenstellend (adversativ)			
men	aber, nur	medan	während
utan	sondern	medan däremot	während indessen
däremot	dagegen, vielmehr, allein	i stället för att	statt daß
ändå	dennoch		
emellertid	indessen		
inte … utan	nicht … sondern		
(än)dock	(je)doch		
snarare	vielmehr		
icke desto mindre	nichts destoweniger		
bedingend (konditional)			
annars	sonst, anderenfalls	om	wenn
		ifall (att)	falls
		såvida	sofern
begründend (kausal)			
ty	denn	eftersom	da ja
för	denn	(där)för att	weil
nämligen	nämlich	då	da
ju	ja, doch	emedan	weil, da
		som	da, zumal
zeitlich (temporal)			
		när	wenn, als
		då	als
		tills	bis
		förrän	bevor
		innan	ehe
		medan	während
		sedan	seit(dem)
folgernd (konsekutiv)			
(allt)så	also	så att	so daß
därför	daher, deshalb	så … att	so …, daß
således	demnach	för … att	zu …, daß
följaktligen	folglich		
för den skull	deswegen		
på grund härav	deshalb		

Nebenordnend		Unterordnend	
zweckanzeigend (final)			
därför	darum	för att så att	damit daß
einräumend (konzessiv)			
fast visserligen … men	aber zwar …, aber	fast(än) trots att även om ehuru	obwohl, obschon obwohl wenn auch wiewohl
Art und Weise angebend (modal)			
		i det att	indem
Mittel angebend (instrumental)			
därmed därigenom	damit dadurch	(däri)genom att i det att utan att	dadurch, daß indem ohne zu
vergleichend (komparativ)			
som än såväl (… som)	wie als ebenso (… wie)	som än såsom ju … ju ju … desto	als, wie als wie, als je … desto je … desto
einschränkend (restriktiv)			
såvida såvitt	sofern soweit	huruvida såtillvida som	inwiefern insoweit als

Satzbau

Satzglieder

Wörter und Wortgruppen im Satz werden nach ihrer Funktion im Satz eingeteilt.

Subjekt (Satzgegenstand)

Das Subjekt antwortet auf die Frage WER? oder WAS? und kann sein

ein Substantiv	**Eva** kör bil. Eva fährt Auto.
ein Pronomen	**Hon** kör bil. Sie fährt Auto.
ein Satz (Subjektsatz)	Det är möjligt, **att hon kör bil**. Es ist möglich, daß sie Auto fährt.

Prädikat (Satzaussage)

Das Prädikat enthält immer ein finites Verb, also eine Verbform mit Personalendung (finite Formen vgl. Seite 72). Es kann aus einer finiten Form allein bestehen.

finite Form	Jag **vet** inte. Ich weiß nicht.

Es kann aus einer finiten Form und einer oder mehreren infiniten Formen bestehen (infinite Formen vgl. Seite 86f.).

finite + eine infinite Form	Du **måste veta** det. Du mußt es wissen.
finite + mehrere infinite Formen	Jag **skulle vilja ha** ett par träskor. Ich möchte ein Paar Holzschuhe.

Es kann aus der Kopula (Satzband: sein, werden usw.) und einem Prädikativum (Prädikatsergänzung) bestehen.

Kopula + Prädikativum	Eva **är tandläkare.** Eva ist Zahnärztin. Jag **var trött.** Ich war müde.

Objekt (Ergänzung)

Das Objekt ist eine Ergänzung zum Verb. Ein Teil der Verben steht ohne Ergänzung, ein Teil der Verben muß oder kann eine oder mehrere Ergänzungen haben. Als Ergänzung kann stehen ein

Substantiv	Jag läser **en bok**. Ich lese ein Buch. Jag ser **flickan**. Ich sehe das Mädchen.	WEN oder WAS?
Pronomen	Jag läser **den**. Ich lese es. Jag tvättar **mig**. Ich wasche mich.	WAS? WEN?
Ausdruck mit Präposition	Jag svarade **på brevet**. Ich antwortete auf den Brief.	AUF WAS? usw.

Adverbiale Bestimmungen

Adverbiale Bestimmungen sind Angaben der Zeit, des Ortes, der Art und Weise oder des Grundes.

Zeit	**I går** köpte vi en bok. Gestern kauften wir ein Buch.	WANN?
Ort	Vi köper frimärken **på posten**. Wir kaufen Briefmarken auf der Post.	WO?
Art und Weise	Vi kom hit **med tåg**. Wir kamen mit dem Zug hierher.	WIE?
Grund	Hon kom hit **med anledning av bröllopet**. Sie kam wegen der Hochzeit hierher.	WARUM?

Attribut (Beifügung)

Das Attribut ist eine Ergänzung zu einem Wort. Es bestimmt ein Substantiv, Adjektiv, Partizip oder Pronomen näher. Attribute gehören zu dem Wort, das sie bestimmen, und bilden mit ihm zusammen ein Satzglied. Attribute sind Adjektive, Substantive im Genitiv, präpositionale Ausdrücke oder Adverbien, zum Beispiel:

Vaters	Haus	ist	alt.
Fars	hus	är	gammalt.
Genitivattribut			
Subjekt		Prädikat	

Wir	kauften	ein	spannendes	Buch.
Vi	köpte	en	spännande	bok.
			attributives Adjektiv	
Subjekt	Prädikat	Objekt		

Die Hervorhebung durch Umschreibung mit *det är* …

In der gesprochenen Sprache kann eine Hervorhebung einzelner Satzglieder durch die Satzbetonung zum Ausdruck gebracht werden. Häufig werden Satzglieder jedoch durch die Umschreibung mit *det är/var* + das Satzglied, das betont werden soll, + Relativsatz, der die Aussage über das hervorgehobene Satzglied enthält. Ist das hervorgehobene Satzglied das Subjekt des Satzes, so muß der Relativsatz mit *som* eingeleitet werden. Ist das hervorgehobene Wort ein anderes Satzglied, kann *som* auch fehlen.

Hon gör det. Sie tut es.	**Det är** hon **som** gör det.
Hon läste tidningen. Sie las die Zeitung.	**Det var** tidningen **(som)** hon läste.
Hon ska komma i morgon. Sie wird morgen kommen.	**Det är** i morgon **(som)** hon ska komma.

Auf dieselbe Weise können Satzglieder auch in der Frage hervorgehoben werden.

Gör hon det? Tut sie es?	**Är det** hon **som** gör det?
Läste hon tidningen? Las sie die Zeitung?	**Var det** tidningen **(som)** hon läste?
Ska hon komma i morgon? Wird sie morgen kommen?	**Är det** i morgon **(som)** hon kommer?

Wortstellung von Subjekt und Prädikat

Das Schwedische hat ziemlich feste Regeln für die Wortstellung im Satz. Es ist zwischen Haupt- und Nebensatz zu unterscheiden. Hauptsätze (HS) sind selbständige Sätze, sie können allein stehen. Nebensätze (NS) sind in der Regel abhängig von einem Hauptsatz. In der gesprochenen Sprache kommen allerdings häufig Nebensätze als unvollständige Sätze allein vor, z. B.

Om du bara visste! — Wenn du nur wüßtest!

In Hauptsätzen

Hauptsätze können sein:

a) eine Aussage, eine Behauptung:
Vi bor i Sverige. — Wir wohnen in Schweden.
b) eine Frage:
Bor ni också i Sverige? — Wohnt ihr auch in Schweden?
c) eine Aufforderung, ein Befehl:
Skynda dig! — Beeil dich!

Aussagesatz

Bei der regelmäßigen Wortstellung im Aussagesatz steht das Subjekt **vor** dem Prädikat, d. h. das Verb steht als zweites Satzglied im Satz.

Subjekt	Prädikat	Objekt
Barnet	äter	ett äpple.
Das Kind	ißt	einen Apfel.

Wenn der Hauptsatz nicht mit dem Subjekt, sondern mit einem anderen Satzglied beginnt, so bleibt der finite Teil des Prädikats wie im Deutschen an zweiter Stelle im Satz: das Subjekt steht dann unmittelbar nach dem finiten Verb, bei zusammengesetzten Prädikaten also zwischen der finiten und den infiniten Formen (umgekehrte Wortstellung oder „Inversion"). Zur Abfolge der Objekte und adverbialen Bestimmungen siehe Seite 113 ff.).

adverbiale Best.	Prädikat	Subjekt		Objekt	
I morgon	äter	vi		fisk.	
Morgen	essen	wir		Fisch.	
I morgon	ska	vi	äta	fisk.	
Morgen	werden	wir		Fisch	essen.

Adverbiale Bestimmungen der Zeit stehen häufig am Satzanfang, Bestimmungen des Ortes oder der Art und Weise stehen ebenso wie das Objekt nur dann am Satzanfang, wenn sie besonders betont werden sollen oder im Gegensatz zu etwas anderem stehen.

Objekt	Prädikat	Subjekt	adverbiale Bestimmung
Fisken	äter	vi	i köket.
Den Fisch	essen	wir	in der Küche (aber den Kuchen nicht).

Wenn ein Nebensatz oder eine direkte Rede als Objekt am Satzanfang steht, haben wir wie im Deutschen umgekehrte Wortstellung.

Objekt	Prädikat	Subjekt
När klockan var fem,	gick	jag.
Als es fünf Uhr war,	ging	ich.
”Klockan är fem,”	sade	jag.
„Es ist fünf Uhr,“	sagte	ich.

Fragesatz

Im Fragesatz steht gewöhnlich die umgekehrte Wortstellung.

	Kommer du?		Ska du komma?
	Kommst du?		Wirst du kommen?
När	kommer du?	När	ska du komma?
Wann	kommst du?	Wann	wirst du kommen?

Wenn die Frage jedoch mit einem Fragewort beginnt, das gleichzeitig Subjekt des Fragesatzes ist, steht die regelmäßige Wortstellung.

Fragewort = Subjekt	Prädikat	adverbiale Bestimmung
Vem	kommer	senare?
Wer	kommt	später?

Ist das Fragewort nicht gleichzeitig Subjekt, steht die umgekehrte Wortstellung.

Fragewort + Subjekt	Prädikat	Subjekt	
Vad	gör	du?	
Was	machst	du?	
Vad	ska	du	göra?
Was	wirst	du	machen?

Befehlssatz

Ein Befehlssatz hat selten ein eigens ausgedrücktes Subjekt. Wenn das Subjekt doch ausdrücklich genannt ist, so steht es hinter dem Prädikat.

Prädikat	Subjekt	Objekt	adverbiale Bestimmung
Kom			hit!
Komm			hierher!
Sätt		dig	på stolen!
Setz		dich	auf den Stuhl!
Sätt	du	dig	på stolen!
Setz	du	dich	auf den Stuhl!

In Nebensätzen

Nebensätze haben im allgemeinen die Funktion, den Hauptsatz näher zu bestimmen, weitere Informationen über die Aussage des Hauptsatzes zu geben.

Der Nebensatz hat dieselbe Wortstellung wie der Hauptsatz. Anders als im Deutschen wandert das Prädikat **nicht** ans Satzende, wenn der Nebensatz noch weitere Satzglieder enthält.

	Subjekt		Prädikat	adverbiale Bestimmung
	Lena		kom	hem.
	Lena		kam	nach Hause.
Jag gick, när	Lena		kom	hem.
Ich ging, als	Lena	nach Hause	kam.	
Boken, som	jag		läste	igår, …
Das Buch, das	ich	gestern	las, …	

Stellung der Adverbien im Satz

Viele Adverbien stehen wie im Deutschen an verschiedener Stelle in Haupt- und Nebensätzen. Sie heißen deshalb bewegliche oder „wandernde“ Adverbien. Im Hauptsatz stehen sie **nach** dem ersten Verb im Satz, im Nebensatz stehen sie **vor** dem ersten Verb, also zwischen Subjekt und Prädikat. Bei den beweglichen Adverbien handelt es sich im allgemeinen um Satzadverbien, also adverbiale Bestimmungen zum ganzen Satz, nicht zu einem einzelnen Wort darin.

HS	Han **kommer kanske med** på sammanträdet. Er kommt vielleicht mit zur Sitzung.
NS	Lars sade, att han **kanske kommer med** på sammanträdet. Lars sagte, daß er vielleicht zur Sitzung mitkommt.

Die wichtigsten beweglichen Adverbien

absolut	absolut
aldrig	nie
alltid	immer
alltså	also
antagligen	wahrscheinlich
bara	nur
egentligen	eigentlich
ej	nicht
endast	nur
faktiskt	tatsächlich
förmodligen	vermutlich
givetvis	selbstverständlich
gärna, hellre, helst	gerne, lieber, am liebsten
i själva verket	in Wirklichkeit
icke, inte	nicht
ingalunda	durchaus nicht
ju	ja, doch
kanske, kanhända	vielleicht
knappast, knappt	kaum
möjligen, möjligtvis	möglicherweise
naturligtvis	natürlich
nog	wohl, wahrscheinlich
ogärna	ungern
sannolikt	wahrscheinlich
således	solchermaßen
säkerligen	sicherlich

säkert	sicher
slutligen	schließlich
troligen, troligtvis	wahrscheinlich, vermutlich
tydligen	deutlich
vanligen, vanligtvis	gewöhnlicherweise
verkligen	wirklich
väl	wohl, vermutlich
åter	wieder
åtminstone	wenigstens

Manche Adverbien sind bisweilen beweglich, bisweilen behalten sie ihre Hauptsatzstellung auch im Nebensatz bei. Sie sind dann besonders hervorgehoben. Im Deutschen geben wir diesen Unterschied durch unterschiedliche Betonung wieder.

HS					Hon	kör	ofta	bil.
					Sie	fährt	oft	Auto.
NS	Hon talade	om	att	hon	ofta	kör	bil.	
	Sie sprach	darüber,	daß	sie	oft	'Auto	fährt.	
ABER	Hon talade	om	att	hon	kör	bil	ofta.	
	Sie sprach	darüber,	daß	sie	'oft	Auto	fährt.	

Vergleichen Sie auch:

Jag vill gärna åka, om han inte följer med.	Ich will gerne fahren, wenn er nicht 'mitfährt.
Jag vill gärna åka, om inte han följer med.	Ich will gerne fahren, wenn 'er nicht mitfährt.

Wenn *inte* und ein anderes der beweglichen Adverbien im selben Satz vorkommen, so steht wie im Deutschen *inte* nach, wenn es durch das Adverb näher bestimmt wird. Wenn *inte* die Verneinung des Adverbs ist, steht *inte* vor.

kanske inte	vielleicht nicht
naturligtvis inte	natürlich nicht
inte ofta	nicht oft
inte bara	nicht nur

Vergleichen Sie:

HS			Hon följer	inte	ofta		med.
			Sie kommt	nicht	oft		mit.
			Hon följer	ofta	inte		med.
			Sie kommt	oft	nicht		mit.
NS	Du vet	att	hon	inte	ofta	följer	med.
	Du weißt,	daß	sie	nicht	oft	mitkommt.	
	Du vet	att	hon	ofta	inte	följer	med.
	Du weißt,	daß	sie	oft	nicht	mitkommt.	

Die wichtigsten bisweilen beweglichen Adverbien

dagligen	täglich
egentligen	eigentlich
förr, förrut	früher, einst
härom dagen	dieser Tage
långsamt	langsam
länge	lange
också	auch
ofta	oft
nu	jetzt
sent	spät
snabbt	schnell
strax	sofort
ständigt	ständig
så småningom	allmählich
sällan	selten
särskilt	besonders
tidigare	früher
till och med	auch, sogar
till sist, till slut	schließlich, zuletzt
til stor del	zum großen Teil
tyvärr	leider
över huvud taget	überhaupt

Die wichtigsten Unterschiede zum Deutschen in der Wortstellung

Während im Deutschen Verbzusätze, Prädikativa, Präpositionalobjekte und der infinite Teil des mehrteiligen Prädikats im Hauptsatz immer am Ende stehen, können diese Wörter oder Satzglieder im Schwedischen höchstens durch ein Adverb vom finiten Verb getrennt stehen.

a) Verbzusätze

Jag	kände	igen	henne	genast.	
ich	erkannte	[wieder]	sie	sofort	
Ich	erkannte		sie	sofort	wieder.

Jag	kände	inte	igen	henne		genast.	
ich	erkannte	[nicht]	[wieder]	sie		sofort	
Ich	erkannte			sie	nicht	sofort	wieder.

b) Prädikativum

Jag	är	sjuk	sedan	i söndags.	
ich	bin	[krank]	seit	letzten Sonntag	
Ich	bin		seit	letzten Sonntag	krank.

Jag	är	ganska	sjuk	sedan	i söndags.	
ich	bin	[ziemlich	krank]	seit	letzten Sonntag	
Ich	bin			seit	letzten Sonntag	ziemlich krank.

c) Präpositionalobjekt

Vi	talade	om	böcker	vid	sammanträdet.	
wir	sprachen	[über	Bücher]	bei	der Versammlung	
Wir	sprachen			bei	der Versammlung	über Bücher.

Vi	talar	ofta	om	böcker	vid sammanträdet.	
wir	sprechen	[oft	über	Bücher]	bei der Versammlung	
Wir	sprechen			bei der Versammlung		oft über Bücher.

d) Mehrteilige Prädikate
Perfekt

Jag	har	sett	filmen.
ich	habe	gesehen	den Film
Ich	habe		den Film gesehen.

Plusquamperfekt

Jag	hade	bara	sett	filmen.
ich	hatte	nur	gesehen	den Film
Ich	hatte	nur		den Film gesehen.

Futur

Jag	ska	se …		
ich	werde	sehen	… (=Objekt).	
Ich	werde		…	sehen.

Präteritum Passiv

Filmen	blev	sett	av	mig.
der Film	wurde	gesehen	von	mir
Der Film	wurde		von	mir gesehen.

Modalverb + Vollverb

Du	måste	se	filmen.
du	mußt	sehen	den Film
Du	mußt		den Film sehen.

Du	måste	snart	se	filmen.
du	mußt	bald	sehen	den Film
Du	mußt			den Film bald sehen.

Aus den Sätzen unter a) – d) können im Schwedischen Nebensätze gebildet werden, ohne daß sich etwas an der Wortstellung ändert (vgl. aber Seite 108f. zur Stellung der beweglichen Adverbien im Nebensatz). Im Deutschen dagegen bildet im allgemeinen das finite Verb den Abschluß des Nebensatzes.

Du	vet	att	jag	kände	igen	henne	genast.
du	weißt	daß	ich	erkannte	wieder	sie	sofort
Du	weißt,	daß	ich			sie sofort wiedererkannte.	

Die Abfolge der Objekte und adverbialen Bestimmungen im Satz

Hauptsatz

In Sätzen mit nur einem Objekt und einer adverbialen Bestimmung steht das Objekt vor der adverbialen Bestimmung.

Subjekt	+ Prädikat	+ Objekt	+ adv. Bestimmung
Vi	åt	fisk	i söndags.
wir	aßen	Fisch	letzten Sonntag
(Wir aßen letzten Sonntag Fisch.)			
Vi	ska se	filmen	i Stockholm.
wir	werden sehen	den Film	in Stockholm
(Wir werden den Film in Stockholm sehen.)			
Vi	har läst	boken	med intresse.
wir	haben gelesen	das Buch	mit Interesse
(Wir haben das Buch mit Interesse gelesen.)			

Enthält ein Satz eine abverbiale Bestimmung der Zeit und eine adverbiale Bestimmung des Ortes, so steht die Bestimmung der Zeit nach der Bestimmung des Ortes, gerade umgekehrt wie im Deutschen.

Vi	träffade	Lena	i Stockholm	i somras.
wir	trafen	Lena	in Stockholm	diesen Sommer
Wir	trafen	Lena		diesen Sommer in Stockholm.

Nur wenn die Bestimmung des Ortes sehr lang ist, kann man die Bestimmung der Zeit vorstellen.

Vi träffade varandra i somras på ett mycket dyrt konditori.
Wir trafen uns diesen Sommer in einer sehr teuren Konditorei.

In bestimmten Fällen können die adverbialen Bestimmungen auch am Anfang des Satzes stehen, vgl. dazu Seite 106.

Enthält ein Satz ein direktes Objekt (wen oder was?) und ein indirektes Objekt (wem?), so steht das indirekte Objekt vor dem direkten Objekt.

Subjekt	+ Prädikat	+ ind. Obj.	+ dir. Obj.	+ adv. Best.
Vi	ska ge	Lena	blommor	i morgon.
wir	werden geben	Lena	Blumen	morgen
(Wir werden Lena morgen Blumen geben.)				
Vi	gav	henne	blommor	igår.
wir	gaben	ihr	Blumen	gestern
(Wir gaben ihr gestern Blumen.)				

Das Präpositionalobjekt steht immer nach dem direkten Objekt.

Subjekt	+ Prädikat +	dir. Obj.	+ Präp. Obj.	+ adv. Best.
Vi	ska ge	blommor	till Lena	i morgon.
wir	werden geben	Blumen	Lena	morgen
(Wir werden Lena morgen Blumen geben.)				
Vi	gav	blommor	till henne	igår.
wir	gaben	Blumen	ihr	gestern
(Wir gaben ihr gestern Blumen.)				

Wenn der Satz ein bewegliches Adverb enthält (vgl. Seite 108), hat er folgenden Aufbau:

Subjekt	+ Prädikat finite Form	+ bewegl. Adverb	+ Prädikat infinite Form	+ Objekt	+ adv. Best.
Vi	äter	alltid		fisk	på söndagarna.
wir	essen	immer		Fisch	sonntags
(Wir essen sonntags immer Fisch.)					
Vi	vill	inte	äta	fisk	varje dag.
wir	wollen	nicht	essen	Fisch	jeden Tag
(Wir wollen nicht jeden Tag Fisch essen.)					

Nebensatz

Die Abfolge der Objekte und adverbialen Bestimmungen im Nebensatz ist dieselbe wie im Hauptsatz, vgl. aber Seite 108f. zur Stellung der beweglichen Adverbien.

Hon undrar, om
Sie will wissen, ob

Subjekt +	Prädikat +	dir. Obj. +	Präp. Obj. +	adv. Best.
vi	ska ge	blommor	till Lena	i morgon.
wir	werden geben	Blumen	Lena	morgen

(Sie will wissen, ob wir Lena morgen Blumen geben werden.)

Hon undrar, om
Sie will wissen, ob

Subjekt +	bewegl. Adv. +	Prädikat +	Objekt +	adverbiale Best.
vi	alltid	äter	fisk	på söndagarna.
wir	immer	essen	Fisch	sonntags

(Sie will wissen, ob wir sonntags immer Fisch essen.)

Satzgefüge

Ein Satz kann zum Satzglied in einem anderen Satz werden. Einen Satz, der in einem anderen Satz Satzglied ist, nennt man untergeordneten Satz oder Nebensatz. Den Satz, in dem ein anderer Satz Satzglied ist, nennt man übergeordneten Satz oder Hauptsatz; das Ganze heißt Satzgefüge.
Man kann Nebensätze danach einteilen, welches Satzglied sie im übergeordneten Satz ersetzen.

Subjektsätze

Subjektsätze sind meist eigentliches Subjekt eines unpersönlichen Ausdrucks.

Det är självklart att vi ska göra det.	Es ist selbstverständlich, daß wir das machen werden.
Att vi ska göra det är självklart.	Daß wir das machen werden, ist selbstverständlich.

Objektsätze

Der Nebensatz ersetzt ein Objekt im Hauptsatz.

Du vet **det.**	Du weißt es.
Du vet **att vi väntar på dig.**	Du weißt, daß wir auf dich warten.

Vi undrade **det.**	Wir wollten es wissen.
Vi undrade **om vi kunde komma.**	Wir wollten wissen, ob wir kommen konnten.

Adverbialsätze

Der Nebensatz ersetzt eine adverbiale Bestimmung.

Jag gick **vid tiotiden.**	Ich ging um zehn Uhr.
Jag gick, **när klockan var tio.**	Ich ging, als es zehn Uhr war.
Hon blev hemma **på grund av bilen.**	Sie blieb wegen des Autos zu Hause.
Hon blev hemma, **eftersom bilen hade gått sönder.**	Sie blieb zu Hause, nachdem das Auto kaputtgegangen war.

Attributsätze

Attributsätze sind Bestimmungen zu einem Substantiv oder Pronomen im Hauptsatz. Attributsätze sind häufig Relativsätze.

Huset **som vi bor i** är grönt.	Das Haus, in dem wir wohnen, ist grün.

Einteilung der Nebensätze nach Bedeutung

Nebensätze können auch nach ihrer Bedeutung im Satzgefüge eingeteilt werden. Die Bedeutung erhalten sie aus der einleitenden Konjunktion (zur Bedeutung der Konjunktionen vgl. Seite 99ff.).

Allgemeine Nebensätze und die indirekte Rede werden mit *att* eingeleitet.

Du vet att jag inte kan komma.	Du weißt, daß ich nicht kommen kann.
Du sade att du inte har tid.	Du sagtest, daß du keine Zeit hast.

Temporalsätze geben einen Zeitzusammenhang an.

När jag kom hem var de redan där.	Als ich nach Hause kam, waren sie schon da.

Kausalsätze geben einen ursächlichen Zusammenhang an.

Vi stannande hemma, eftersom det började regna.	Wir blieben zu Hause, weil es anfing zu regnen.

Konditionalsätze geben eine Bedingung an.

Om värken inte ger sig, måste jag gå till tandläkaren.	Wenn der Schmerz nicht nachläßt, muß ich zum Zahnarzt gehen.

Konzessivsätze räumen etwas ein.

Jag kommer fastän jag mår dårlig.	Ich komme, obwohl es mir schlecht geht.

Finalsätze geben einen Zweck an.

Jag väntade på dig för att vi skulle gå tillsammans.	Ich wartete auf dich, damit wir zusammen gehen sollten.

Konsekutivsätze geben die Folge von etwas an.

Hon arbetar så mycket att hon säkert hinner bli färdig vid tretiden.	Sie arbeitet so viel, daß sie es sicher schafft, bis drei Uhr fertig zu sein.

Komparativsätze vergleichen etwas mit etwas anderem.

Eva vet mycket mera än hon har sagt.	Eva weiß viel mehr, als sie gesagt hat.

Interrogativsätze oder indirekte Fragesätze geben an, wonach gefragt wird.

Jag ska fråga henne om hon vill gå med.	Ich werde sie fragen, ob sie mitgehen will.
Jag vet inte var du bor.	Ich weiß nicht, wo du wohnst.

Register